Sayyid Qutb

Kindheit auf dem Lande

Die Deutsche Bibliothek - CIP-Einheitsaufnahme

Quṭb, Saiyid:
Kindheit auf dem Lande: ein ägyptischer Muslimbruder erinnert sich / Sayyid Qutb. Aus dem Arab. übertragen von Horst Hein. - Berlin : Ed. Orient, 1997
Einheitsacht.: Ṭifl min al-qarya <dt.>
ISBN 3-922825-62-1

Die arabische Orginalausgabe erschien 1946
in Kairo unter dem Titel:
Ṭifl min al-qarya

Umschlag und Satz: Edition Orient
Druck: Fuldaer Verlagsanstalt
ISBN 3-922825-62-1

Sayyid Qutb

Kindheit auf dem Lande

Ein ägyptischer Muslimbruder erinnert sich

Aus dem Arabischen übertragen von
Horst Hein

Edition Orient

Inhalt

Widmung

An den Autor des Buches *Die Kindheitstage*, seine Exzellenz Dr. Taha Hussein. Es sind, verehrter Herr, Tage wie Ihre Tage, die ein Junge im Dorf erlebte. In manchem ähneln sie Ihren Tagen, in anderem sind sie davon verschieden. Verschieden, so wie zwischen einer Generation und einer anderen und einem Dorf und einem anderen und einem Leben und einem anderen, ja sogar zwischen einer Natur und einer anderen und einer Richtung und einer anderen. Aber trotz allem sind sie Tage Ihrer Tage.

Sayyid Qutb
1. Juli 1945

Vorwort

Diese Bilder aus dem Dorfleben entstammen meiner Kindheit vor einem Vierteljahrhundert; ich habe nichts beschönigt und sie nur von den Seiten der Erinnerung auf Papierseiten übertragen.

Weniges ist jetzt verschwunden und hat Neuem Platz gemacht. In dieser Aufzeichnung werden Seiten des Volkslebens und der neuen Geschichte in künstlerischer Form aufbewahrt.

Vieles lebt noch weiter, aber die verwöhnten Städter können sich davon kaum mehr ein Bild machen, weder in der Wirklichkeit noch in der Phantasie. Durch diese Aufzeichnung soll die neue Generation von den Bildern des ländlichen Volkslebens mit seinen guten und schlechten Erscheinungen erfahren. Vielleicht bekommt sie dann eine Meinung darüber, was erhalten bleiben und was aufhören sollte.

Kapitel 1

Der Besessene

Seit diesen Ereignissen ist mehr als ein Vierteljahrhundert vergangen, aber er kann sich ihr Bild heute nicht ins Gedächtnis zurückrufen, ohne daß seinen Körper ein leises Zittern durchschauert und er das Gefühl hat, als würde sein Blut gefrieren.

Dieser Mann hatte zerzauste Haare, seine Kleider waren zerrissen, er streifte manchmal splitterfasernackt durch die Straßen und Gassen des Dorfes, in seiner Hand einen Stock, mit dem er alles und jeden erreichte; er stieß ein zusammenhangloses, erschreckendes Gebrumm aus und lachte mit schriller, fürchterlicher Stimme!

Der Junge war noch nicht sechs Jahre, als die Leute im Dorf über den Oberscheich tuschelten: Er habe den Trank eingenommen, aber er sei zu stark für ihn. Den Trank? Er kannte ihn gut, denn er erinnerte sich daran, daß er eines Tages Fieber hatte und man ihm jene bittere, übelschmeckende und übelriechende Flüssigkeit mit allen Mitteln der Verlockung und Drohung einflößte. Und danach war er gesund geworden.

Aber wie kam es, daß der Trank diesen Mann, den Oberscheich, in einen so verwahrlosten, schrecklichen Teufel verwandelt hatte, der ohne Verstand ins Leere starrte und sich seltsam benahm? Und was war das für ein Trank, der die Leute zu wundersamen Dingen trieb? Der Mann zerriß regelmäßig seine Kleider, wälzte sich dann im Schlamm oder streute sich Erde auf den Kopf und den nackten Körper, so daß ihn Erde und Schlamm mit einem anderen Gewand bedeckten als dem, das er zerrissen und ausgezogen hatte.

Der Oberscheich streifte durch die Dorfgassen und schrie mit schriller, furchterregender Stimme: Allah! Allah! Allah! oder er ging langsam und brummte und knurrte: Ih! Ih! Ih! oder er füllte seine Brust mit Luft, streckte sich zu ganzer Größe, ging dann in die Hocke und rief: Hai! Hai! Hai! Oft setzte er sich auf eine Steinbank oder in einen Winkel und hockte dort bewegungslos in tiefem Schweigen; der Körper bewegte sich nicht und die Wimpern zuckten nicht. Manchmal verharrte er viele Stunden so.

Gab es einen Zusammenhang zwischen dem Trank des kleinen Jungen und dem des Oberscheichs? Später erfuhr er, daß es sich um den Heiligungstrank handelte. Die Großen unter den rechtgläubigen Heiligen versammeln sich jedes Jahr unter dem Vorsitz des Oberheiligen, des Qutb al-Ghauth, auf dem Berge *Qaf* und betrachten die Ereignisse der Welt und treffen ihre Entscheidungen, wie sie es für richtig halten. Sie legen fest, wie der Trank an die Geschöpfe Gottes verteilt werden solle, auf die ihre Wahl gefallen war. Manchmal traf das Los einen guten sanften Mann und manchmal einen grausamen halsstarrigen, und beide verwandelten sich in Besessene. Beim ersten war die Wirkung des Tranks mild und die Dauer der Besessenheit leicht zu ertragen, und er überstand sie unbeschadet, bis er zu den Heiligen aufrückte; beim zweiten war die Wirkung des Tranks stark, er erlitt Höllenpein, bis er zu einer reinen Natur und einem sanften Geist gefunden hatte. Dann gelangte er in die nächsthöhere Stufe.

Er hörte aber auch eine zweite Erklärung für die heftige oder milde Wirkung des Tranks: Die Ruhe beziehungsweise Ruhelosigkeit hingen von der Menge des Tranks ab. Mal war der Schluck groß, und der Besessene wurde gequält und geschüttelt, weil der Trank über seine Kräfte ging; er litt an Rauschzuständen und epileptischen Anfällen, sein Körper wurde hin- und hergerissen, und sein Geist verwirrte sich, bis Gott ihm endlich Frieden schenkte, und er sich hochrangig in der Versammlung der Heiligen wiederfand. Und mal war der Schluck klein, und der Arme wurde nicht gequält; er war nur solange besessen, bis der Trank sich setzte und zur Ruhe kam. Dann wurde er einer der Heiligen, wenn er nicht zu spät zu deren Versammlung kam.

Aber tausend und eine Erklärung reichten nicht aus, das Herz des kleinen Jungen zu beruhigen. Manchmal streifte er allein oder mit seinen Freunden durchs Dorf, und urplötzlich stand der Oberscheich vor ihnen! Er weiß noch, daß ihr Mund trocken wurde und ihre Füße wie festgewurzelt stehenblieben, wenn der Besessene am Anfang der Straße vor ihnen auftauchte, auch wenn zwischen ihm und ihnen einige Dutzend Meter lagen. Ihre Füße bewegten sich nicht, ihre Blicke hafteten an ihm, ihre Wimpern zuckten nicht, und ihre Herzen schlugen heftig und bebend. Sie glichen jenem armen Vögelchen, das wie betäubt vor der Schlange hockt und nicht wegfliegt, obwohl es weiß, daß sie es fangen wird, oder jenem kleinen Mäuschen vor der Katze, das sie verzaubert, bevor sie gierig auf es springt. Denn sie wußten genau, daß ein Fluchtversuch sinnlos war. Man hatte ihnen nämlich gesagt, der Scheich könne *Riesenschritte* machen, und wenn sie eine Erklärung verlangten, was *Riesenschritte* bedeute, so erfuhren sie, daß er sich an jedem Freitag mit einem Schritt von ihrem Dorf zur *Ka'aba* begab, dort mit den Heiligen und Frommen betete und danach zurückkehrte.

Sie hatten schon viel über den langen und mühseligen Pilgerweg gehört, denn damals fand die Pilgerfahrt nach der Überquerung des Roten Meeres noch auf dem Rücken von Kamelen statt. Aber dieser Oberscheich schaffte den langen, beschwerlichen Weg in einem Schritt, einem Schritt hin und einem zurück. Auch wenn sie wie ein geölter Blitz wegliefen, so könnten sie doch nie aus seiner Reichweite fliehen.

Sie hatten auch gehört, daß der schreckliche Stock in der Hand des Oberscheichs länger und kürzer werde, gerade wie er es wolle, und daß seine Hand daher alles erreichen könne, ob nah oder fern, wie es ihm beliebe. Welchen Sinn hätte es also wegzulaufen, wo doch dieser Stock ein sicheres Mittel war, ihre Rücken brennen zu lassen und ihre Rippen zu brechen, während der Scheich an seinem Platz blieb und sich nicht um ihre kleinen Schritte kümmerte?

Ja, sie hatten sogar gehört, daß er imstande sei, sie an Ort und Stelle in einen Stein zu verwandeln. Hatte er nicht schon einmal einen rebellischen Teufel, der die Leute auf einem der Dorfwege zu erschrecken pflegte, in einen Stein verwandelt? Dieser *Ifrît* blieb ein Stein bis zum Morgengrauen; da flehte er den Scheich um Hilfe an, bat ihn um Vergebung und gab ihm das Verspechen, dieses Dorf für immer zu verlassen und seinen Bewohnern nichts Böses anzutun. Aber der Oberscheich erlöste ihn erst, als er ihm darauf das Gelübde abgenommen und ihm Unheil für die Zukunft angedroht hatte, falls er es brechen sollte. Von diesem Tag an erschien der *Ifrît* nie wieder an jenem Ort. Sollten sie etwa schneller und stärker als die *Ifrîte* sein?

Es war sinnlos, es war wirklich sinnlos!

Das Herz sank ihnen in die Hose, die Knie wurden weich, der Speichel versiegte, und sie konnten die Zunge nicht mehr bewegen. Sie schluckten den noch übriggebliebenen Speichel hinunter, um ihre trockenen Kehlen anzufeuchten, während ihre Augen auf den furchterregenden Mann starrten.

Dann ging er vorüber.

Entweder bog er nun, bevor er an ihnen vorbeiging, in einen der vielen gewundenen Dorfwege ein. Dann atmeten sie erleichtert auf, mobilisierten die letzten Kräfte, liefen Hals über Kopf davon und keuchten atemlos in tödlichem Schrekken. Oder aber er erreichte sie. Dann drängten sich die Armen zu einem dichten Haufen zusammen, und einer versteckte sich hinter dem anderen wie die kleinen Küken, wenn sie von einer Raubkatze oder einem Wiesel angegriffen werden. Sie näherten sich ihm einschmeichelnd und versuchten, seine Hand zu küssen, während ihre Augen starr auf den furchtbaren Stock blickten. Manchmal entrannen sie und manchmal genossen sie seine süßen Früchte.

Und wie oft hörten sie von den Erwachsenen, daß dieser Stock von einem Baum im Paradies stamme. Aber was sie da sahen, war doch nur ein Stock aus Palmholz, das sie kannten! Oder daß der Stock sieben Mal in den *Zamzam*-Brunnen eingetaucht worden war, und daß der, welcher einen Schlag von ihm abbekomme, zu den Überglücklichen gehöre. Denn der Stock traf immer nur einen kranken Körperteil - selbst wenn der Geschlagene nichts von seiner Krankheit wußte -, und kaum hatte dieser Stock ihn berührt, war er gesund.

Manchmal sahen sie auch Männer, die sich dem Oberscheich in den Weg stellten und, wenn er ruhig war, Streit mit ihm suchten, bis er sich erregte. Sie wollten von diesem Stock geschlagen werden, meistens auf den Rücken, wobei sie ihre

Gesichter und Köpfe schützten. Dann gingen sie zufrieden davon, verbargen den Schmerz und erklärten, daß sie den Stock nur als Hauch der Glückseligkeit empfunden hätten.

Aber sie, die Kinder, kannten den Geschmack dieses himmlischen Hauches nur zu gut. Ihr Rücken zog sich unter dem Niedersausen des verfluchten Stockes zusammen, und sie bemühten sich vergeblich, dieselbe Haltung zu zeigen wie die Männer, reichten doch schon die Gestalt des Oberscheichs, seine Blicke, Stimme und Bewegungen aus, ihnen eine bis dahin unbekannte Furcht einzuflößen.

Der Junge wunderte sich noch über etwas anderes als das, was die Männer über die Süße und Zartheit des Stockes verkündeten: Der Besessene war die meiste Zeit nackt, seine Körper- und Kopfhaare waren verfilzt und zottelig geworden, aber niemand, nicht einmal eine Frau, nahm am Anblick dieses nackten, schmutzigen, gegerbten Körpers Anstoß.

Und wenn der Junge hartnäckig fragte, so sagte man ihm:

„Schweig! Er ist kein Mensch mehr wie wir. Die religiöse Verpflichtung wurde ihm bereits erlassen! Er ist jetzt mit der Heiligkeit beschenkt und gehört nicht mehr zur irdischen Welt, in der wir leben".

Dann wurde der Junge krank. Er hatte bei einem Spiel Oberkörper und Hals nach hinten gedreht, so daß sich seine Halswirbel verrenkten und sein Kopf sich auf die Schulter neigte; infolgedessen konnte er den Hals nur noch in eine Richtung bewegen. Wenn er schauen oder sich umwenden wollte, mußte er sich wie eine Hyäne mit dem gesamten Körper drehen.

Die Krankheit zog sich hin, die Rezepte wurden zahlreicher, und die Familie begann, sich um ihn zu sorgen. Die Spielkameraden bemitleideten ihn anfangs, dann aber begannen sie, sich hinter seinem Rücken zuzuzwinkern und seine unnatürliche Haltung nachzuahmen, schließlich lachten sie.

Er wollte diesen schmerzhaften Zustand unbedingt loswerden, um welchen Preis auch immer.

Da kam eine Frau zu ihnen und sah ihn. Sie wandte sich an seine Mutter und sagte:

„Nachbarin, wie kannst du untätig herumsitzen, wenn dein Kind so krank ist?"

Die Mutter erwiderte in heftiger Erregung:

„Was sollen wir denn noch tun? Wir haben schon alles ohne Erfolg versucht."

Sie meinte:

„Ich zeige dir die einzig mögliche Lösung."

Mutter und Sohn schauten sie begierig an, und sie schlug vor:

„Du gibst ihn für eine Nacht zum Oberscheich."

Weder die Mutter noch er begriffen, was sie meinte, aber die Frau beseitigte jede Unklarheit und sagte:

„Einer aus der Familie soll dem Scheich folgen und in Erfahrung bringen, wo er die Nacht verbringt. Dann soll er den Jungen an seine Seite legen und ihn bis zum Morgen dort lassen. Er wird gesund aufwachen!"

Wie bitte?

Seine Haare sträubten sich, und er bekam eine Gänsehaut, als er diesen schrecklichen Vorschlag hörte. Er sollte eine ganze Nacht neben diesem seltsamen Mann verbringen? Ja, warum ging er dann nicht gleich in ein Schlangennest oder eine Löwenhöhle? Warum trat er dem Teufel nicht gleich von Angesicht zu Angesicht gegenüber? Oder war er etwa verrückt?

Obwohl er keinen Augenblick glaubte, daß die Frau ernst zu nehmen sei, konnte er sich doch nicht erinnern, jemals einen solchen Schrecken verspürt zu haben wie bei diesem gemeinen Scherz.

Für ihn war klar, daß er diesem Vorschlag nicht folgen würde, auch wenn man ihn noch mehr verlocken oder ihm noch mehr drohen sollte als damals, als er den Trank einnehmen mußte. Sein Blick hing an den Lippen der Mutter, als erwarte er Todesurteil oder Freispruch. Er holte Atem und atmete langsam und tief aus, als die Mutter sagte:

„Nein, nein, bin ich denn verrückt, daß ich meinen Jungen die Nacht neben diesem Besessenen verbringen lasse? Die Sache liegt bei Gott, und was geschieht, geschieht mit seinem Wissen."

Er wurde wieder gesund, aber er denkt immer noch an diesen Augenblick und wird ihn nicht vergessen, solange er lebt.

Kapitel 2

Der Turnlehrer

Er wuchs in einer nicht sehr reichen Familie auf, die sich aber dennoch deutlich von den anderen abhob. Die Familie war vor Zeiten sehr reich gewesen, aber dieses Vermögen war immer wieder geteilt worden und hatte sich durch Erbfälle verringert. Seinem Vater blieb zwar ein nicht geringer Anteil, aber der nahm ständig ab. Der Vater hatte als Oberhaupt der Familie die Pflicht, ihren Namen und Rang auch zu der Zeit zu wahren, als er noch nicht über die ganze Erbschaft verfügen konnte.

Der Vater brauchte viel Geld für seine Gastfreundschaft, so daß die Ausgaben sein Einkommen überstiegen; aber bis zum letzten Augenblick wahrte er den äußeren Schein und die notwendige Haltung. Die Mutter kam aus ähnlicher oder noch besserer Familie, und ihr erging es nicht anders. Allerdings schickte man zwei ihrer Brüder an *al-Azhâr* nach Kairo, was bei den Söhnen reicher Bauernfamilien üblich war. Dadurch fiel im Dorf etwas von gelehrtem Ansehen auf die Familie. Außerdem hatte der Großvater mütterlicherseits mit seiner Frau einen großen Teil des Lebens in Kairo verbracht. Nach der Rückkehr ins Dorf richtete er dort ein Haus ein, das hinsichtlich der Räume, der Ausstattung und der gesellschaftlichen Gepflogenheiten soweit wie möglich den Kairiner Häusern glich, denn dank seines Vermögens konnte er sich diese Wünsche erfüllen.

In einer solchen Umgebung wuchs der Junge auf und wurde dadurch in seiner Ansicht bestärkt, daß er aus einem anderen Milieu stammte als die gewöhnlichen Dorfbewohner.

Als er beinahe sechs Jahre alt war, beriet die Familie über seinen schulischen Werdegang. Dabei gab es zwei Lager: Das eine wollte ihn in die Koranschule schicken, damit er den Koran auswendig lerne und des Segens derer teilhaftig werde, die das Buch Gottes in ihrem Herzen tragen. Das andere Lager wollte ihn in die Grundschule schicken, denn diese war fortschrittlicher und besser ausgestattet, und auch dort wurde neben anderen Unterrichtsstoffen der Koran gelehrt.

Der Streit um ihn dauerte an, ohne daß er etwas davon merkte. Schließlich trugen die Befürworter der Schule den Sieg davon. Man teilte ihm dies mit, und er stimmte zu, aber ohne sichtliche Begeisterung, denn er spielte lieber auch weiterhin im Haus mit seiner etwas älteren Schwester oder auf der Straße mit seinen kleinen Altersgenossen. Er wurde ziemlich verwöhnt, war er doch neben seinen Schwestern - die eine älter, die andere jünger als er - der einzige Sohn seiner Eltern und mußte sich noch nicht an Pflichten gewöhnen. Außerdem hatte er die Leute sagen hören, daß die Koranschule die Schüler drangsaliere, das heißt die Gesundheit schwäche und das Wachstum behindere. Über die Grundschule hatte er etwas anderes sagen hören, das ihm aber auch nicht mehr Vertrauen einflößte.

Nach einigen Tage wurde er für die Schule vorbereitet. Man brachte ihm einen Fez, während er vorher eine weiße Baumwollmütze getragen hatte, man kaufte ihm neue Schuhe, die er gegen seine alten Latschen eintauschte, und schneiderte ihm an Stelle seiner *Gallâbîya* einen kleinen Kaftan aus gestreiftem Baumwollsatin. Diese Kleidung war eigentlich in der Schule nicht üblich, aber sie sollte ihm als Anreiz dienen.

Dies gelang, und am frühen Morgen brachten der Vater und einer seiner Freunde ihn in die Schule. Diese Schule hat eine Geschichte.

Bis die Kreisverwaltung sie eröffnete, waren die Koranschulen die einzigen Unterrichtsstätten im Dorf. Ein Schulmeister und ein Hilfslehrer hielten den Unterricht in der neu gegründeten Grundschule. Der Schulmeister kam aus dem benachbarten Dorf. Er war Koranrezitator und hatte vom Ministerium organisierte Kurse für Rechnen, allgemeine Fächer und Leibesübungen besucht. Der Hilfslehrer war ein dörflicher Koranrezitator und Leiter einer Koranschule. Die Kreisverwaltung hatte ihn zum Hilfslehrer ernannt, aber nur solange, bis aus den Grundschullehrerseminaren genügend Absolventen zur Verfügung ständen.

Dieser Hilfslehrer genoß das Vertrauen des Dorfes, denn sein Vater hatte in der Koranschule die Dorfältesten unterrichtet und als Musterbeispiel für Strenge und Aufrichtigkeit gegolten. Und Strenge in der Behandlung der Söhne bedeutete die Grundvoraussetzung für das Vertrauen der Väter.

Nach dem Tod ihres Vaters übernahmen der jetzige Hilfslehrer und dessen Bruder die Leitung der Koranschule und folgten dabei den Prinzipien des Vaters. Dann stellte man den Hilfslehrer mit einem Gehalt von hundertfünfzig Piastern in der Grundschule an. Er übergab die Koranschule seinem Bruder und verfügte nun über zwei Einkommen. Wenn einige Schüler in der Koranschule versagten, konnten sie immer noch an die neue Grundschule gehen.

Die Grundschule übte aber tatsächlich keine Anziehungskraft auf die Koranschüler aus, die nur, wenn sie es nicht schafften oder schon pubertierten, die Anstalt wechselten. Als die Grundschule ihre Pforten öffnete, schickten die Eltern ihre

Söhne direkt dorthin oder die Kinder kamen, um sich die Zeit zu vertreiben oder um es noch einmal zu versuchen.

Da die Schule zu Beginn gezwungen war, das Vertrauen der Familien und der Schüler zu gewinnen, teilte sie die Schüler auf sonderbare Art und Weise ein. Nicht der Wissensstand war der Maßstab für die Klassenzugehörigkeit, sondern das Alter. Die ältesten kamen in die vierte Klasse, besonders dann, wenn sie schon einen Oberlippenbart hatten, die etwas jüngeren in die dritte, und das ging so weiter bis zu den Schulanfängern, die sich in der Vorbereitungsklasse wiederfanden.

Diese Regel wurde aber nicht immer befolgt, denn die Söhne angesehener Dorffamilien saßen in den höheren Klassen, auch wenn sie auf Grund ihrer Körpergröße nicht hineingehörten. Es kam nicht selten vor, daß der Vater eines Schülers erschien, um dagegen zu protestieren, daß man seinen Sohn in die erste Klasse gesteckt hatte, war doch der Sohn eines anderen nicht weniger angesehenen Vaters im zweiten Schuljahr. Die Schule reagierte sofort, und der Sohn kam in die gewünschte Klasse, damit die Familienehre nicht verletzt würde.

Nach diesen Gepflogenheiten hätte der Junge vom ersten Tag an in das vierte Schuljahr kommen müssen, besonders auch deswegen, weil sein Vetter dort war, und er den Wunsch hegte, neben ihm zu sitzen und ihm Gesellschaft zu leisten.

Der Schulleiter wußte, daß der Vater als ziemlich aufgeklärt und gebildet galt, und hielt es für richtig, offen mit ihm zu sprechen. Er erklärte ihm, daß es zum Besten des Kindes sei, in der Vorbereitungsklasse zu beginnen und auf natürliche Weise Schritt für Schritt voranzukommen. Der Vater ließ sich überzeugen und übergab den Sohn dem Schulmeister und speziell dem Hilfslehrer, den der Junge sehr gut kannte, weil er während des *Ramadan* in ihrem Haus den Koran rezitierte.

Der Vater und sein Freund entfernten sich, nachdem sie ihn mit den nötigen Empfehlungen der Schule übergeben hatten; der Junge merkte dies an der Freundlichkeit des Schulmeisters und der Fürsorge des Hilfslehrers, die man beinahe als Verwöhnung bezeichnen konnte.

Sie waren nach Haus zurückgegangen und wollten gegen zehn Uhr mit etwas Buttergebäck und Süßigkeiten, die seine Mutter liebevoll zubereitet hatte, wiederkommen. Das ganze Haus nahm an dieser neuen Entwicklung großen Anteil.

Als beide zurückkamen, trafen sie ihn aber nicht an. Der geheimnisvolle Grund dafür war der Turnlehrer. Die Kreisverwaltung sah sich genötigt, den Turnunterricht in den Schulen nach strengeren Regeln abhalten zu lassen. Da die Leibesübungen ein unverzichtbarer Teil der Erziehung waren, sollten die Schüler sie auch wirklich ausüben. Der Schulmeister und der Hilfslehrer hatten vom Turnen keine Ahnung. Da kam die Schulbehörde auf die erfolgversprechende, glückliche Idee, einen ehemaligen Soldaten als Turnlehrer für alle Schulen in ihrem Bereich einzustellen. Dieser *Offizier* – wie er genannt wurde – hatte die Aufgabe, alle Schulen in den verstreut liegenden Dörfern des Amtsbereichs im Lauf des Jahres zu besuchen; einige Schulen besuchte er mehrmals im Jahr, einige überhaupt nicht.

Das Dorf des Jungen gehörte zu den wohlhabenderen Dörfern der Umgebung; hier lebten nicht wenige Familien, die für ihre Gastfreundschaft bekannt waren. Deshalb wurde der Turnlehrer bei den Dorffamilien den ganzen Tag über üppig bewirtet und ehrenvoll aufgenommen, war er doch ein *Offizier*, der aus der Kreisstadt kam. Der Tag seiner Anwesenheit zeichnete sich durch besonderes Gepräge und spezielle Aktivitäten aus, was ihn veranlaßte, die Anzahl seiner Besuche auf zwei oder drei im Jahr zu erhöhen.

Er brachte den Schülern Exerzieren bei, nämlich: *Sagadun* - rechts, *Suladun* - links und *Marsch* - geradeaus. Dann *Bir* - Heben der Arme bis in Brusthöhe, *Iki* - Hände nach oben und *Üç* - Hände auf die Seite senken. Das war die erste Übung.

Es gab noch drei weitere Übungen aus den bekannten *Schwedischen Spielen*, für welche die gleichen Anweisungen wie bei der Übung *Bir - Iki - Üç* galten. Und wehe dem Schüler, der einen Fehler machte. Sein Rücken und seine Seiten brannten unter dem Rohrstock des Turnlehrers.

Dieser Mann, der die Übungen mit großer Leichtigkeit hin- und herspringend durchführte, erschien den Kindern wie der leibhaftige Teufel, denn er schrie sie an, fletschte die Zähne und schwang den Stock drohend in der Luft, so daß die Schüler glaubten, der Tag des Jüngsten Gerichts sei angebrochen, an dem die Kinder vor Entsetzen weiße Haare bekämen. Und wie oft hatte er seinen älteren Vetter von diesem Teufel, dem Turnlehrer, reden hören. Das war auch der Grund, der ihn trotz aller Verlockungen vom Schulbesuch zurückschrecken ließ.

Die bösen Umstände wollten es nun, daß der erste Schultag auf den Tag der Anwesenheit des Turnlehrers fiel, und das, was der Junge von ihm gehört hatte, reichte aus, sein junges Herz mit Furcht zu erfüllen.

Die Schüler nämlich, diese Teufelchen, nutzten den Umstand, daß der Junge neu war und sich nicht auskannte, und übertrieben ins Unvorstellbare: Dieser Turnlehrer begnüge sich nicht damit, den zu schlagen, der all seine schweren und komplizierten Übungen nicht schaffe, sondern er hänge den Betreffenden mit beiden Füßen an den Schulbaum und lasse ihn dort eine ganze Stunde hängen. Dann hebe er ihn an den Ohren oder den Kopfhaaren hoch, werfe ihn verschiedene Male zu Boden und reibe sein Ohr heftig mit einem kleinen

Kieselstein. Sie erwähnten noch andere Foltermethoden, von denen er einige wirklich anwandte, wogegen andere der Phantasie der Kinder entsprangen.

Da der Junge die vier merkwürdigen Übungen überhaupt nicht kannte und *Sagadun*, *Suladun* und *Marsch* noch nie gehört hatte, glaubte er fest, daß ihn jene Strafen ereilen würden. Da Schläge zu Hause kein Erziehungsmittel waren und er in einem gewissen Wohlstand aufwuchs und man ihn verwöhnte, konnte er sich nicht vorstellen, diese Strafen zu ertragen.

Das Sicherste und am meisten Erfolg Versprechende schien also, dieser Hölle zu entfliehen. Kaum läutete die Schulglocke nach der zweiten Stunde, verließ er die Schule und strebte nach Haus, auf der Flucht vor dem, was ihn erwartete, wenn er es wagen sollte zu bleiben.

Nun kannte er den Weg nach Hause nicht, denn die Schule lag am Dorfrand und sein Haus in der Dorfmitte. Er war zu diesem Zeitpunkt etwas älter als sechs Jahre, und man hatte ihm bisher nicht erlaubt, wie die anderen Kinder auf den Straßen zu spielen und die Gassen zu durchstreifen, denn er sollte seine Kleider micht beschmutzen und vor den schlechten Sitten der Dorfkinder und ihren ungehörigen Ausdrücken bewahrt werden.

Kaum hatte er die Schule verlassen und einige Schritte getan, und kaum war er auf die ersten verwinkelten Dorfgassen gestoßen, da wußte er, daß er sich verlaufen hatte und den Weg zu seinem Haus ohne Hilfe nicht finden würde. Die vernünftigste Lösung wäre gewesen, zur Schule zurückzukehren, denn er war noch nicht weit weg, und sein Vater hatte ja verspochen, in der Zehn-Uhr-Pause zu kommen. Aber das überstieg die Fähigkeiten seines jungen Gemüts, und er griff zu der Waffe der Kinder und begann laut zu weinen.

Ein Mann aus jenem Teil des Dorfes bemerkte ihn und fragte nach seinem Namen; als er erfuhr, wer der Junge war, klopfte er ihm auf den Rücken und brachte ihn bis vor sein Elternhaus.

Sobald sich der Junge vor der Hölle in Sicherheit befand und wieder Mut faßte, begriff er trotz seines jugendlichen Alters, wie unehrenhaft er gehandelt hatte. Er brachte es nicht fertig, seiner Familie als Versager gegenüberzutreten. Schläge brauchte er nicht zu fürchten, aber er schämte sich seines Tuns, das sich einfach nicht gehörte. Also versteckte er sich in der Scheune, die an ihr großes Haus angebaut war und eine eigene Tür besaß; er machte sie hinter sich zu, warf sich auf das Stroh und schlief ein.

Als der Vater in die Schule kam, um ihm das Buttergebäck und die Süßigkeiten zu bringen, erfuhr er zu seiner Überraschung, daß sein Sohn weggelaufen war; voller Zorn über diese Schmach kehrte er nach Hause zurück, aber niemand wußte, wo der Junge war. Da verwandelte sich sein Zorn in Unruhe, und er verließ das Haus, um auf den Dorfstraßen nach ihm zu suchen. Er schickte Boten aus, die sämtliche zur Schule führenden Straßen durchstreifen sollten. Sie fragten alle Dorfbewohner, die sie antrafen, nach ihm, bis einer von ihnen jenen Mann traf, der den Jungen zurückgebracht hatte. Da konnten sie beruhigt aufatmen.

Während die anderen draußen suchten, hatte die Mutter ihn in seinem Versteck schlafend aufgespürt. Sie nahm ihn in die Arme und hob ihn voller Mitleid auf die Schultern. Er wachte auf, konnte sie aber nicht anblicken. Er verbarg sein Gesicht an ihrer Brust und schluchzte. Die Mutter und die anderen Familienmitglieder versuchten vergeblich, den Grund seiner Flucht zu erfahren. Ihm aber war es zu peinlich, ihnen seine Furcht vor dem Turnlehrer zu gestehen.

Kapitel 3

Die heilige Schule

Vor mehr als einem Monat war er aus der Schule geflohen, weil er den Turnlehrer so sehr fürchtete. Die Mutter machte sich große Sorgen, sah sie ihn doch nicht als Schüler, wie sie es erwartet hatte. All ihre Hoffnungen ruhten auf ihm, der nach erfolgreicher Absolvierung der Grundschule zu seinem Onkel nach Kairo fahren und dort seine Ausbildung vervollkommnen sollte.

Sein älterer Bruder, der jedoch nur sein Halbbruder war, machte sich ständig über ihn lustig, weil er die Schule verlassen hatte. Der Junge haßte ihn wegen dieser Neckereien und tat dann etwas, was er weder vorher noch nachher je wagte, und was in seiner Familie überhaupt nicht üblich war. Er warf ihm den Deckel des Wasserkrugs an den Kopf, worauf jener die Flucht ergriff. Der Vater würdigte ihn wegen seines Versagens in der Schule keines Wortes, und das war bitterer als der Spott des Bruders.

Schließlich drängte es ihn, in die Schule zurückzukehren, aber dieses Mal ohne Aufsehen und Vorbereitung, ohne besondere Umstände und Planung. Eines Morgens stand er früh auf und zog die offizielle Schuluniform an. Er ging zum Haus der Tante, rief seinen Vetter und sagte ihm, daß er heute mit ihm in die Schule gehen würde.

Die beiden Lehrer hießen ihn willkommen, und der Schulleiter fragte ihn nach dem Grund seiner Abwesenheit. Jetzt merkte der Junge, daß ihm das Geheimnis zu schwer wurde, und er gestand, daß es die Furcht vor dem Turnlehrer war.

Der Schulleiter hatte Verständnis und beruhigte ihn, bis die Angst verging und er sich vor der Gefahr dieses rebellischen Teufels sicher wußte, solange er die Bewegungsübungen noch nicht gelernt hatte; er sei doch noch jung und habe gewiß noch viel Zeit zum Lernen, und - das war das Wichtigste - er werde ihn dem Turnlehrer ans Herz legen, wenn der wieder da sei.

Damit war der Alp von seiner Brust gewichen. Als er am Mittag nach Hause kam, wo sich alle um ihn sorgten, und als er der Mutter alles gesagt hatte, strahlte sie vor Freude und drückte ihn liebevoll an die Brust. Sie wartete auf den Vater, um ihm die freudige Botschaft mitzuteilen. Und obwohl auch der Vater froh war, tat er doch gleichgültig und sagte ihr scherzend:

„Verschone mich mit deinen Sorgen und denen deines Kindes, Frau!"

Die Schule bestand aus drei ineinander übergehenden Räumen; davor befanden sich in der Länge des Hauses der Schulhof und die Schulpforte. Es gab fünf Klassen, die sich folgendermaßen auf die Räume verteilten: Die vierte Klasse, in der die größten Schüler und die über Zwanzigjährigen saßen, wurde zusammen mit der dritten Klasse, den etwas jüngeren Schülern, im ersten Raum vom Schulleiter unterrichtet; der Hilfslehrer übernahm die zweite und erste Klasse im zweiten Raum, und für die Bildung und Erziehung der Vorbereitungsklasse im dritten Raum war ... Ibrahim, der Schuldiener, verantwortlich.

Ja! Seine Aufgabe bestand darin, die Schule zu fegen, Krüge mit Trinkwasser für die Schüler aus den beiden großen, in einem Behälter stehenden Vorratskrügen zu füllen, die Tafeln zu reinigen und für Kreide in den Klassenzimmern zu sorgen. Dann verwandelte er sich in einen Erzieher, der die heranwachsende Generation gründlich vorbereiten sollte. Seine Person allein reichte aus, den Jungen von dieser Vorbereitungsklasse abzuschrecken. Dazu kam noch, daß der Vetter in der vierten Klasse lernte. Er sprach mit dem Schulleiter darüber, und nach einer Diskussion, an der beide Lehrer teilnahmen, wurde beschlossen, daß er die Klasse des Hilfslehrers besuchen durfte, und daß es ihm auch manchmal erlaubt sein sollte, in der Klasse des Vetters zu sitzen. Wenn aber der Inspektor komme, müsse er auf jeden Fall in der Vorbereitungsklasse sein.

Der Hilfslehrer und der Schulleiter hatten ihn freundlich willkommen geheißen. Das war auch nicht weiter verwunderlich, denn in seinen Gewandtaschen befanden sich Zucker und Tee, und Ibrahim, der Schuldiener, mußte beiden Lehrern in der Pause und nach dem Mittagessen daraus ein Getränk bereiten. Des weiteren lud sein Vater beide von Zeit zu Zeit zum Mittagessen ein, und deswegen kümmerten sie sich im Unterricht ganz besonders um ihn. Sie brachten ihm das Alphabet bei, dann Wörter und Sätze auf die Schiefertafel zu schreiben und der Übung halber wieder abzuschreiben. Er machte täglich Fortschritte, denn ihm wurde das Wissen fast wie im Privatunterricht vermittelt; nur wenige Schüler, lediglich die Söhne reicher Dorfeltern, wurden so liebevoll behandelt wie er.

Am Ende des Schuljahres wurde er, wie es ihm zustand, in die erste Klasse versetzt. Er hatte sich an die Schulatmosphäre gewöhnt und war ein richtiger Schüler geworden.

Im Jahr darauf bekam die Schule einen zweiten Lehrer; Ibrahim durfte nicht mehr unterrichten und nahm nur mehr seine Verwaltungsaufgaben wahr. Nach der neuen Klasseneinteilung unterrichteten der Schulleiter und die beiden Lehrer drei Klassen: Die Vorbereitungsklasse mit der ersten in einem Raum, die zweite und dritte Klasse in einem anderen und die vierte in einem Raum ganz für sich. Dort stand der Schrank des Schulleiters mit Radiergummis, Stiften, Büchern und Heften.

Im folgenden Jahr, als der Junge ins zweite Schuljahr eintrat, fand eine Änderung statt, die das Dorf ziemlich erregte. Da es in der Schulbehörde genug Schulmeister gab, ersetzte einer von ihnen den bisherigen Scheich und Rezitator, dem die Befähigung zur Grundschule fehlte.

Nach dieser Maßnahme kursierten Gerüchte im Dorf und lösten große Unruhe aus: Die Regierung wolle den Koran dadurch abschaffen, daß er in den staatlichen Schulen nicht mehr auswendig gelernt werden solle. War nicht die Tatsache, daß Scheich Ahmad aus dem Schuldienst entlassen wurde, ein überzeugender Beweis dafür? Er hatte die Kinder den Koran rezitieren lassen und durch seine Anwesenheit den Dorfbewohnern Vertrauen eingeflößt, so daß sie ihre Kinder in die Schule schickten.

Diese Gerüchte verbreiteten sich wie ein Lauffeuer. Der Scheich beteiligte sich natürlich daran aus Rache an der Schule und als Werbung für seine Koranschule, an der er wieder unterrichtete. Nicht wenige Grundschüler verließen die Schule im Gefolge *ihres verehrten Scheichs Ahmad* zu seinem Vorteil, zum Vorteil der Koranschule und zum Vorteil von Gottes Wort. Sie flohen mit ihrem Glauben von der Schule des Unglaubens und des Irrtums, in der die Regierung sie ihres Glaubens berauben wollte, ohne daß sie es merkten!

Es verging nicht viel Zeit, da sprach *unser Herr Lehrer* beim Vater des Jungen vor, teilte ihm seine Entlassung mit und warnte ihn, seinen Sprößling in der Schule zu lassen; er gab dann seiner sicheren Hoffnung Ausdruck, daß der Junge schon ab morgen in die Koranschule komme, denn der Sohn müsse von ihm, dem Scheich, unterrichtet werden wie zu seiner Zeit der Vater von seinem Vater.

Nun war der Vater zu besonnen, als daß diese Propaganda auf ihn gewirkt hätte; er hielt eine Tageszeitung und war Kommissionsmitglied der Nationalpartei im Dorf. Seine Bescheidenheit und Höflichkeit ließen ihn aber auf die Gefühle *unseres Herrn Lehrers*, des Sohnes seines Lehrers, Rücksicht nehmen, und er versprach ihm, daß der Junge ab morgen die Koranschule besuchen werde.

In der Familie erhob sich deswegen ein Sturm. Die Mutter bestand hartnäckig darauf, daß er weiter zur Schule ginge, denn diese war der Schlüssel ihrer Hoffnungen, die sie auf den kleinen Jungen gesetzt hatte. Der Vater dagegen hatte sein Wort gegeben, und Männer können nicht leichtfertig von ihrem einmal gegebenen Versprechen zurücktreten.

Nach dem Willen des Vaters mußte er also vom nächsten Tag an in die Koranschule gehen. Er kann sich nicht erinnern, daß sein junges Herz jemals vorher einen derartigen Schmerz gefühlt hätte und daß seine Brust so eng und bedrückt gewesen wäre wie damals.

Scheich Ahmad, *unser Herr Lehrer*, empfing ihn überaus freundlich und lächelnd und ließ ihn an seiner Seite auf dem Schaffell Platz nehmen, während die übrigen Schüler auf einer in der Mitte liegenden Matte oder auf der an der Mauer ringsum laufenden Steinbank saßen. All das konnte ihn aber nicht für die Koranschule einnehmen. Bisher ging er jeden Morgen in das saubere, moderne Schulgebäude mit gekalkten Zimmern und einem sandbedeckten Schulhof, er saß auf einer Schulbank, die vorn ein Pult hatte, in dem sich Bücher, Schreibutensilien, Hefte und die elegante Schiefertafel befanden.

Aber hier in der Koranschule gab es keine Schulbänke, Pulte und Zimmer, keine Glocke und Klassen, keine Bücher, Schreib-utensilien und Hefte. Die Tafel, auf der die Schüler mit einer Tinte aus Wäscheblau oder Lampenruß oder ähnlichem schrieben, war bloß aus Weißblech; sie trugen das Tintenfaß und den Stift ständig mit sich herum.

Wenn unser Lehrer sie die Aufgaben rezitieren ließ und feststellte, daß sie den Text gelernt hatten, erlaubte er ihnen, die Tafeln abzuwischen und andere Koranverse zu schreiben. Aber wie sie es taten, erregte den Ekel des Jungen: Sie spuckten auf die Tafeln, verrieben die Tinte und wischten den Text mit einem Zipfel ihrer Kleider ab, weswegen diese immer mit Tinte beschmiert waren.

Dann stieß ihn ab, daß unser Herr Lehrer, wenn er die Tafeln der Schüler mit roter Tinte korrigierte, die fehlerhaften Wörter einfach ableckte, die Tafel mit einem Zipfel seines Gewandes abtrocknete und die richtigen Wörter einsetzte.

Wenn ein Schüler den Lehrer um Erlaubnis fragte, weil er außerhalb der Klasse einem dringenden Bedürfnis nachkommen mußte, so hob er nicht den Finger in die Höhe, wie dies die Schüler der Grundschule taten, sondern schnickte mit dem Zeigefinger über die anderen Finger und rief:

„Herr Lehrer, Herr Lehrer!“

Er tat dies solange, bis der Lehrer ihn bemerkte und sagte:

„Genehmigt!“

Dann verließ er den Raum und kehrte für den Rest des Tages nicht mehr zurück.

All das erregte seinen Widerwillen, und er fühlte sich auf bittere, demütigende Art fremd. Als er nach Hause kam, entschloß er sich, nie wieder an jenen schmutzigen Ort zurückzukehren, wie sehr man ihn auch bedrohen und tadeln würde.

Er weihte die Mutter in diesen dringenden Wunsch ein, und ihre Augen füllten sich mit Tränen.

Am nächsten Morgen glaubten der Vater und auch der Herr Lehrer, daß er in die Koranschule gehen würde. Er aber machte sich heimlich in aller Eile auf den Weg in die Schule, als fürchte er, daß ihm jemand folge. Er kam dort viel zu früh an und fand niemanden vor, nicht einmal den Schuldiener. Das Schultor war noch geschlossen, und er hielt es für das Beste, sich davorzusetzen und mit dem Rücken dagegenzulehnen, so, als suche er Zuflucht an einem Lieblingsplatz oder in einer unzugänglichen, schwer zu erobernden Festung. Nach und nach kamen die Schüler, und einige fragten ihn, warum er gestern nicht dagewesen sei, denn es war der einzige Tag, an dem er bisher gefehlt hatte. Er erklärte ihnen, daß er in die Koranschule gegangen sei, sie unerträglich schmutzig gefunden habe und daß jene sich in allem von dieser schönen Schule unterscheide. Und plötzlich wurde er zum Propagandisten für die Grundschule gegen die Koranschule, obwohl er von Werbung oder Propaganda keine Ahnung hatte.

Als ihn der Schulleiter nach dem Geheimnis seiner ungewohnten Abwesenheit fragte, erzählte er es ihm und seine Augen füllten sich wegen dieser furchtbaren Tragödie mit Tränen. Der Schulleiter versicherte ihm, daß er an der Schule bleiben könne und versprach, noch heute seinen Vater aufzusuchen, um ihn zu überzeugen. Der Junge beruhigte sich vollkommen und konnte wieder in der natürlichen, gewohnten Umgebung atmen. Als die Schule aus war, ging er zum Schulleiter, um ihn an sein Versprechen zu erinnern, und dieser kam sofort mit. Zu Hause angekommen, überzeugten sie den Vater, daß sein Sohn in der Koranschule am falschen Platz sei, war er doch ein ausgezeichneter und erfolgreicher Schüler mit guter

Zukunft. In Anbetracht der Tatsache, daß die Lehrer nicht aus dem Dorf stammten, sondern Gäste waren, sah sich der Vater gezwungen, ihrer Bitte nachzukommen. Mit dieser Begründung entschuldigte er sich dann bei unserem Herrn Lehrer, als dieser bei ihm vorsprach. Jener ging fort mit den Worten: „Es gibt keine Macht und Stärke außer bei Gott" und „Gott bewahre uns vor den Propheten des Unglaubens und des Irrtums".

Seit jenem Tag wurde die Schule ein heiliger Ort wie die Gebetsnischen, denn sie nahm in seinen Augen wegen der Lehrer und der Ausstattung einen höheren Rang ein als die Koranschule, und er nahm sich vor, ein kämpferischer Propagandist für die Schule gegen die Koranschule zu sein.

Das größte Plus der Koranschule war das intensive Memorieren des Korans, während die Schule dies vernachlässigte, so daß sie keinen Schüler hervorbringen konnte, der den Koran beherrschte. Er wandte also alle Mühe auf, das Heilige Buch auswendig zu lernen, um dieses wichtige Argument zu widerlegen. Trotz seiner schwachen Gesundheit verbrachte er halbe Nächte schlaflos, indem er sich Koranverse einprägte, und das neben dem anderen Unterrichtsstoff. Das Jahr war noch nicht zu Ende, da konnte er schon ein Drittel des Korans aufsagen, was er vorführte, wenn ihm das jemand nicht glauben wollte.

Dann stellte er aus Grundschülern eine Gruppe zusammen, die gegen Schüler von Koranschulen auf allen Gebieten, auch beim Koranrezitieren, um den Sieg kämpfen sollte. Natürlich wählte er die Grundschüler aus, die wirklich einige Suren und Koranverse aufsagen konnten. Dann wurde ein Wettbewerb veranstaltet, bei dem die Grundschüler oft siegten, was ihm ein ungeheures Gefühl des Triumphs verschaffte.

Die Grundschule konnte einiges bieten, was andere Schulen nicht hatten. Ihr Schulgebäude war modern und sauber im

Gegensatz zum alten und schmutzigen Gebäude der Koranschule; in ihrem großen Schulhof standen zwei schattenspendende Akazien mit wunderschönen, betörend duftenden Blüten, die im Dorf nicht ihresgleichen hatten. Dann gab es den Wasserflaschenständer, ein Gestell aus ineinander geflochtenem Holz, in dem zwei große Vorratskrüge in Eisenhalterungen standen, darunter zwei saubere Eimer mit reinem Wasser für die *Afandiyat*, nämlich den Schulleiter und die Lehrer. Die Schüler und die Dorfbewohner hatten ihnen diesen Ehrennamen gegeben, um sie von den Dorfscheichs, den Koranrezitatoren, zu unterscheiden. Die *Afandiyat* trugen saubere Gewänder und bekamen ihr Gehalt von der Kreisverwaltung, während die Lehrer der Koranschulen vom *Donnerstagsgeld* der Kinder lebten.

Dazu kamen die Schulbänke, die Pulte und das Unterrichtsmaterial, das sie jedes Jahr erhielten, nämlich vier Hefte und Stifte aus rotem Schilfrohr, während die Schüler der Koranschulen mit weißen Bambusfedern auf Weißblechtafeln schrieben; dann das Löschpapier für die Hefte, während man in den Koranschulen Sand benutzte oder auf die Tafeln spuckte und sie manchmal ableckte, um sie dann mit einem Kleiderzipfel abzutrocknen.

Es gab noch viele andere Dinge, auf die sie stolz waren, aber nichts schien so wichtig wie das Namensschild, das über der Schulpforte hing. Es war das einzige geprägte Schild im Dorf und eigens in der Kreisstadt hergestellt worden.

Das Schild wurde erst aufgehängt, als der Junge ins dritte Schuljahr kam. Es gab damals genügend nach der neuen Ordnung ausgebildete Absolventen der Grundschullehrerseminare, und zwei von ihnen kamen an die Schule. Einer ersetzte den alten Schulleiter, der Lehrer in einem anderen Dorf wurde, und der andere arbeitete als Lehrer. Der Hilfslehrer blieb noch für einen Monat. Damit konnte die Schule den Unterricht mit vier Klassen ordnungsgemäß durchführen, die Vorbereitungsklasse wurde abgeschafft.

Der neue Schulleiter hatte die Idee, nach dem Muster der Schulen in der Kreisstadt ein Schild mit dem Namen der Schule anzubringen. Er schlug den Schülern vor, sich im Rahmen ihrer Möglichkeiten am Kauf des Schildes zu beteiligen, das fünfundzwanzig *Piaster* kosten sollte.

Dieser Plan begeisterte unseren Jungen. Dieses Schild wäre für die Schule ein weiterer Pluspunkt, mit dem sich vor den Schülern der Koranschule prahlen ließ. Während nun einige Schüler ein oder zwei *Millim* beisteuerten und die Kinder reicher Bauern einen halben oder gar einen ganzen Piaster, setzte er seinen Ehrgeiz daran, fünfzig *Millim* spenden zu können. Als das Schild in der Kreisstadt fertiggestellt und über der Schulpforte angebracht worden war, tanzte er vor Freude!

Am Ende des vierten Schuljahres beherrschte er den Koran; es war ein Wunder der Grundschule, das die lügenhaften Stimmen der Befürworter der Koranschule verstummen ließ, zumal er am Ende seiner Schulzeit erst zehn Jahre alt war. Einige Kameraden hatten zuerst in der Koranschule das Heilige Buch auswendig gelernt, danach die Grundschule abgeschlossen und waren am Ende älter als fünfzehn Jahre. Drei von ihnen schafften es, am Jahresende in der Kreisstadt beim Grundschullehrerseminar aufgenommen zu werden. Das war etwas ganz Neues und erregte gewaltiges Aufsehen im Dorf. Diese drei sollten also in einigen Jahren *Afandiyat* werden wie die Herren Lehrer, unter deren Obhut sie die Grundschule absolviert hatten.

Wenn er seine Augen schloß und wieder öffnete, war es sein größter Wunsch, so alt wie sie zu sein und im Grundschullehrerseminar aufgenommen zu werden. Aber wie durfte er solche Träume haben?

Er verehrte die *Afandiyat* fast bis zur Anbetung, denn sie gehörten zur heiligen Schule und sie lehrten, was er nicht wußte, und verstanden, was er nicht verstand, ja, sie konnten alles. Sie führten ein besonderes Leben, dessen Geheimnis seine Vorstellungskraft überstieg.

Nach mehr als fünfundzwanzig Jahren und unter ganz anderen Lebensumständen erinnert er sich, daß er einmal in ihre Wohnung, die ihnen aus Respekt für ihre Tüchtigkeit kostenlos zur Verfügung gestellt worden war, geschickt wurde, weil ein Lehrer dort seine Uhr vergessen hatte. Der Junge bekam den Schlüssel, weil man seine Zuverlässigkeit kannte. Er erinnert sich, daß er voller Angst und Scheu eintrat, als beträte er die heilige Gebetsnische oder ein verzaubertes Haus. Außer Atem ging er hinein, stieg die Treppe nach oben, öffnete die Tür des heiligen Zimmers und nahm die Uhr. Dann schloß er die Tür und kehrte zur Schule zurück, als ob er der schlaue Hasan im verzauberten Schatz sei.

Trotz seiner Jugend wollte er so wie sie werden, und für ihn stand fest, daß er nach Beendigung der Schulzeit als Lehrer wiederkommen würde. Aber wie schwer fiel es ihm, dieses kleine Stück Heimat, die Schulkameraden und Altersgenossen zu verlassen, die er liebte und die ihn liebten; und auch die Lehrer mochten ungern auf ihn verzichten, weil er der beste Beweis für den Erfolg der Grundschule im Erlernen des Korans war. Nach dem Ende der regulären Schulzeit griffen sie zu einer List und nahmen ihn zum zweiten Mal in die vierte Klasse auf. So kehrte er in die geliebte Schule zurück, um in ihren Mauern noch ein Jahr zu verbringen, das zu den schönen, glücklichen Jahren hinzukam.

Ein Vierteljahrhundert ist seitdem vergangen; er war in Kairo, hatte sein Hochschulstudium abgeschlossen und verschiedene Berufe ausgeübt, aber immer, wenn er heute ins Dorf zurückkommt, lenkt er die Schritte zur heiligen Schule. Sobald er ihre Schwelle überschreitet, überkommen ihn Ehrfurcht vor der Schulzeit und eine demütige Verehrung. Und wenn er nach seinem innigsten Wunsch gefragt würde, dann würde er antworten: Am liebsten wäre er wieder Schüler in der heiligen Schule, um sie gegen die Koranschule und ihre Schüler zu verteidigen. Dutzende von angenehmen Bildern erscheinen vor seinem geistigen Auge und tanzen in seiner Erinnerung, so als erlebe er sie noch einmal, sobald er die Schwelle zur Schule überschreitet.

Er erinnert sich an jene Zeit, als sich die Schule beinahe in eine Halbinsel verwandelte, auf drei Seiten von Wasser umgeben und nur über die vierte Seite zugänglich. Das geschah während der Nilüberschwemmung, wenn das Dorfgebiet zwei Monate im Jahr überschwemmt wurde; in der übrigen Zeit konnte man den Boden landwirtschaftlich nutzen. Am Dorfrand gelegen, dort, wo die Felder beginnen, befand sich die Schule während dieser zwei schönen Monate inmitten der Fluten.

Schön wurde es am Samstag einer jeden Woche. Die Lehrer, von denen einige in den umliegenden Dörfern, einige in der Kreisstadt wohnten, blieben die Woche über im Dorf; am Donnerstag und Freitag gingen sie zu ihren Familien und kehrten am Samstagmorgen zurück. Während des übrigen Jahres ritten sie auf ihren Eseln pünktlich ein und waren vor dem Läuten der Schulglocke in der Schule. In der Zeit der Nilüberschwemmung jedoch bestiegen sie Schiffe oder Segelboote, die keine pünktlichen Abfahrtszeiten hatten und meist erst gegen zehn Uhr ankamen, wenn die Sonne schon hoch am

Himmel stand, so daß die ersten beiden Stunden ausfielen. Ja, an einigen schönen Samstagen erschienen sie erst mittags.

Die Schüler standen nun am Rand des Wassers oder sie streiften durch die nahen Dorfstraßen oder sprangen und schrien im Schulhof herum; sie gingen unbekümmert und ohne Hemmungen in die Klassenzimmer und wieder hinaus, was ihnen große Freude bereitete; sie stiegen auf die Schulbänke und Pulte und kletterten wie ein Dieb durch die zur Flut hin gelegenen Fenster. Einige waren so mutig, daß sie ihre Kleider auszogen und sich von den Fenstern in die Fluten stürzten. Sie schwammen darin herum, kamen wieder und kletterten durch die Fenster zurück in die Zimmer, wo sie ihre Kleidungsstücke fanden - oder manchmal auch nicht, denn einige ihrer Schulkameraden hatten die Gelegenheit genutzt, die Kleider weit wegzuschaffen und zu verstecken, so daß die Jungen, die ja nackt waren, überall in der Schule suchen mußten, bis sie sie schließlich fanden.

Diese übermütige, ausgelassene Stimmung blieb, bis sich auf der weiten Flut ein Schiff oder Segelboot näherte, und sie fürchten mußten, daß einer der *Afandiyat* darin wäre - sie kamen getrennt voneinander an, je nach den Schiffen, die von ihren verschiedenen Dörfern abgingen - und flugs war jeder Schüler an seinem Platz, vor sich den Koran oder ein Buch, in dem er las; die Ordnung war wiederhergestellt, und die Stimmen waren kaum hörbar, nur leises Murmeln beim Lesen als Zeichen für tiefe Versenkung.

Befand sich ein Lehrer im Schiff, so saßen augenblicklich alle Schüler in perfekter Ordnung. War das nicht der Fall, dann kam noch einmal Leben in die Schüler, und das Geschrei wurde heftiger als vorher. Sie sprangen wieder aus den Fenstern ins Wasser oder auf den Boden des Schulhofs. Während der Nilüberschwemmung wiederholte sich dies jeden Samstag und das trotz der Anstrengungen *unseres Herrn Lehrers Abdallah.*

Dieser Herr Lehrer Abdallah war der Nachfolger des Schuldieners Ibrahim und stammte aus dem Dorf; man hatte ihn zum Schuldiener ernannt, nachdem er vorher Hilfslehrer in einer Koranschule gewesen war. Denn die feste Besoldung von neunzig Piastern monatlich überstieg seinen Anteil am Donnerstagsgeld der Jungen der Koranschule, das sich auf nur fünf Piaster wöchentlich belief. Und obwohl er als Schuldiener arbeitete, blieb ihm sein alter Name *unser Herr Lehrer Abdallah.*

Dann erinnert er sich an den Schulinspektor; es war ein schrecklicher Vorfall, auch wenn er ihm jetzt als lustige Episode erscheint.

Zwei ältere Inspektoren pflegten die Schule zu besuchen: Der eine von der Kreisverwaltung, der andere vom Kultusministerium. Und obwohl schon der erste die Kehlen der Kinder trocken werden ließ, ihre Herzen mit Furcht erfüllte und Lehrer und Schule in Verwirrung stürzte, indem er einen schwarzen Schatten und eine stickige Atmosphäre über alles legte, so war doch der Inspektor des Ministeriums noch schrecklicher als der der Kreisverwaltung.

Er war hochgewachsen, von dunklem Teint, hatte scharfe Gesichtszüge und stechende Augen; er wirkte, als hege er gegen etwas Haßgefühle, denn er ließ seine Zähne ständig vor heller Wut knirschen. Er maß seinem Besuch eine größere Wichtigkeit bei als dem des Inspektors der Kreisverwaltung. Deswegen gab er sich ernster als nötig, streng und unerbittlich in seinen Worten und Gebärden. Sein langes Obergewand und sein Kaftan schlotterten um den hageren Körper und verstärkten den Schrecken und die Furcht, die von ihm ausgingen.

Die Lehrer zeigten die größte Angst und übertrugen sie auf die Schüler, so daß die Stunden seiner Anwesenheit eine Ewigkeit dauerten, und die Zeit nur im Schneckentempo dahinschlich. Das ungewöhnlichste Ereignis, das der Junge nicht vergessen wird, war folgendes:

Der Unterricht verlief ruhig und gemächlich, die Luft am Ende des Schuljahres war glühendheiß und die Schüler träge. Das Obergewand wurde dem Lehrer zu warm; er zog es aus und warf es auf die Stuhllehne; sein Turban wurde ihm lästig; er ergriff ihn vorsichtig an der Troddel, um ihn nicht durcheinanderzubringen und legte ihn auf das Pult des ersten Schülers. Dann saß er sichtlich entspannt auf dem Stuhl; seine Schenkel waren gespreizt, der Kaftan hatte sich geöffnet, sein Hosenbund war gelockert und hing lässig nach unten.

Die Zeit verstrich langsam, alles war ruhig, und alle murmelten in süßer Schläfrigkeit vor sich hin. Da sprang eine lange, hagere Schreckgestalt vom Fenster herab ins Klassenzimmer und stand plötzlich unter ihnen. Zu Tode erschrocken starrten die Schüler auf das herabgesprungene Gespenst und schrien entsetzt auf. Der Lehrer geriet in Panik, erhob sich, ergriff mit der einen Hand hastig seinen Turban und versuchte, mit der anderen sein Obergewand anzuziehen, was ihm aber mißlang. Giftig grinsend fletschte das Gespenst die Zähne, seine Zunge bewegte sich mit beißender Ironie, als er kopfschüttelnd murmelte: „Oh Gott! Oh Gott!"

Was war geschehen?

Der Inspektor, der des Ministeriums, war wie immer von der Kreisstadt ins Dorf geritten. Er hatte seinen Esel direkt unter dem Fenster angehalten und gelauscht. Dann war er auf den Rücken des Tieres gestiegen, befand sich so in gleicher Höhe mit dem Fenster und brauchte nur noch hereinzuspringen, um alles genau zu kontrollieren. So etwas war bei einer Inspektion noch nie vorgekommen!

Und ein anderes Bild kann er nicht vergessen:

Jährlich wurden neue Schulleiter und Lehrer an die Schule versetzt. Als er das vierte Schuljahr besuchte, bekamen sie einen alten Scheich, der an *al-Azhâr* studiert hatte und dann in die Kreisverwaltung eingetreten war.

Er hatte weiße Haare, von denen aber nur noch ein Haarkranz übriggeblieben war; ein Turban bedeckte seine Glatze. Das bot Anlaß für Gelächter und Spott der Schüler, dieser Teufelchen und Quälgeister. Eines Tages spielten sie ihm einen Streich. Während der Scheich dasaß und Hefte korrigierte, hatten sie sich um ihn herumgestellt. Er war ganz in seine Arbeit vertieft, als sich der Turban Stück für Stück von seinem Kopf in die Höhe hob und bis zur Mitte des Klassenzimmers bewegte. Wütend und laut schimpfend sprang der Scheich auf, und unversehens fiel der Turban zu Boden. Die Schüler brachen in schallendes Gelächter aus, bis ihnen die Tränen in die Augen traten. Um den Turban nach unten fallen zu lassen, hatten sie nur die Schnur loslassen müssen, und der Trick mit dem Angelhaken und dem Rollenzug hatte bei dem armen Scheich seine Wirkung getan.

Dieser Scheich war ganz vernarrt in grammatische Formen, obwohl die Schüler in der Grundschule dafür noch zu jung waren. Aber was kümmerte ihn das! Er rief einen Schüler auf, damit der etwas an die Tafel schreibe, denn die Schrift des Scheichs war unleserlich. Er diktierte ihm ganze Verse aus einem Gedicht und forderte dann die Kinder auf, die Vokalendungen anzubringen. Wenn sie es nicht konnten, machte er es selber und ließ sie anschließend die Endungen auswendig lernen. Es kümmerte ihn wenig, daß die Kinder nichts von den feinen grammatischen Bezeichnungen für die Flexionsendungen verstanden. Es kam nicht selten vor, daß ein kleiner Schüler stammelte:

„*Watani* ist das Subjekt eines Nominalsatzes mit *Damma*, das virtuell vor dem *Ya* der ersten Person gedacht werden muß, aber nicht erscheint, weil an seine Stelle die Rektion des Possessivpronomens tritt".

Oder:

„*Ida* ist eine adverbielle Bestimmung, deren Tempus im Bedingungssatz ein *i* nimmt, im Nachsatz den Konjunktiv."

Auf jeden Fall mußten die Schüler viele ähnliche Dinge auswendig lernen.

Die Zeit verging, und Professoren und Studenten von *al-Azhâr* kamen während der Ferien ins Dorf; einer von ihnen bot eine Lektion in Koranauslegung für jedermann in der Dorfmoschee an. Umgeben von den ungebildeten Dorfbewohnern zog der Scheich einen Abschnitt des Korankommentars von az-Zamakhshari aus seinem Gewand und las ihn vor. Von Zeit zu Zeit klatschte er in die Hände und fragte:

„Verstanden?"

Einige antworteten: „Verstanden!"

Dann ging er dazu über, sie mit der Rhetorik, der Grammatik und den Flexionsendungen von az-Zamakhshari zu überschütten, wovon sie überhaupt nichts verstanden. Der Junge nahm an diesen Unterweisungen teil, um ein Mann zu werden. Am Abend las der Scheich die Auslegung der Sure *al-Kahf* - Die Höhle - , wobei er zur Stelle kam: „Das ist es, was wir haben wollten (nabgi). Und so kehrten sie schnurstracks zurück, woher sie gekommen waren". Da der Knabe eifrig bestrebt war, seine Grammatikkennntnisse zu erweitern, fiel sein Blick auf das Wort *nabgi*, das ohne offensichtlichen Grund in der grammatischen Form „Apocopat“ stand. Er zeigte auf, wie er es in der Schule tat, und fragte:

„Verehrter Scheich, warum steht ‚nabgi‘ hier ohne Notwendigkeit in der grammatischen Form Apocopat“?

Gleichgültig hob der Scheich den Kopf und antwortete, als fahre er in seinem Vortrag fort:

„Mein Herr, die grammatische Form ‚Apocopat‘ wurde willkürlich zur Erleichterung genommen“.

Den Jungen würdigte er keines Blicks.

Der Junge hatte schon einige Grammatikkenntnisse, aber er fand, daß diese Erklärung sein Wissen überstieg. Er war zwar nur ein Kind vom Lande, kannte aber immerhin *al-Azhâr*. Letzlich steht über jedem Wissenden der Allwissende!

Es vergingen viele Jahre, ehe er *willkürlich* und *zur Erleichterung* begriff.

Dann erinnert er sich an andere, in seiner Sicht wichtigere und ihn tiefer berührende Dinge. Die Schule hatte endlich ihre Pforten auch den Mädchen geöffnet, damit sie gemeinsam mit den Knaben während des ganzen Tages lernen konnten. Einige Väter erklärten sich einverstanden, ihre Töchter in die Schule zu schicken, meist kleine Mädchen unter zehn Jahren. In der ganzen Schule waren es nur sieben. Und obwohl sie sich in keiner Weise von den übrigen Mädchen des Dorfes unterschieden, erweckte ihre Anwesenheit in der Schule besonderes Interesse und verbreitete einen besonderen Wohlgeruch. Es herrschte eine Mischung aus starker Sinnlichkeit und dem unterdrückten Wunsch, mit diesem seltsamen Geschlecht ins Gespräch zu kommen, sowie aus naivem dörflichem Schamgefühl und der Furcht, die schickliche Grenze zu überschreiten; denn die Überschreitung stand unter Strafandrohung sowohl von Seiten der Schule als auch von der des Elternhauses.

Das hinderte einige Schüler, insbesondere die älteren, nicht daran, die Mädchen auf dem Heimweg von der Schule mit häßlichen Wörtern sowie frivolen Bewegungen und Geräuschen zu belästigen. Hinter all dem stand natürlich der Wunsch, Aufmerksamkeit zu erregen. Ihn jedoch hielten sein ausgeprägtes Schamgefühl und die Familiensitten von derartigem Verhalten fern, was aber nicht heißen soll, daß sein Wunsch, Aufmerksamkeit zu erringen, geringer gewesen wäre. Für ihn konnte dies aber nur in Übereinstimmung mit seinen moralischen Vorstellungen geschehen, so daß er die Rolle eines Verteidigers ihrer Ehre einnahm, sobald man ihnen zu nahe trat. Überraschenderweise gewann er die Schlacht ohne Kampf. Denn eines Tages hörte er die sieben Mädchen an die Tür klopfen und nach seiner kleinen Schwester fragen, um mit ihr im Haus zu spielen.

Unter diesen Mädchen befanden sich zwei entfernte Verwandte: Die Schwester einer Tante väterlicherseits und deren Cousine. Die Cousine hatte es ihm angetan. Das Gespräch zwischen ihm und ihr war ohne Förmlichkeit erlaubt; aber obwohl der entfernte Verwandtschaftsgrad ein Treffen möglich gemacht hätte, wagte er es nicht und hütete sich davor wie ein heiliger Sufi in tiefer Scheu. Jedenfalls hatte er sie nicht ins Haus eingeladen, und er war auch nicht imstande, diese Einladung auszusprechen. Während die eine Verwandte die Anführerin war, hielt sich das begehrte Mädchen in liebenswürdiger Schüchternheit zurück. Er spürte ein Glücksgefühl, wie er es noch nie gekannt hatte, merkte er doch, daß er das Ziel des Besuches war, nicht die kleine Schwester. Und er fühlte, daß das Mädchen die gleichen Gefühle für ihn hegte wie er für sie, auch wenn sie beide kein Wort gewechselt hatten.

Diese Besuche wiederholten sich; sie gingen nie über flüchtige Begegnungen hinaus, hinterließen bei ihm jedoch einen unauslöschlichen Eindruck.

Dieses Mädchen hatte einen bronzefarbenen Teint und charakteristische Züge, die sich in anderen Gesichtern nicht wiederholten. Nach den Maßstäben des Dorfes war sie nicht schön; sie besaß keinen weißen Teint, und ihre Nase war nicht so gerade, wie es das Schönheitsideal gefordert hätte, und ebensowenig war ihr Mund klein wie Salomos Siegelring, aber ihm erschien nur sie unter den Mädchen der Schule, ja des ganzen Dorfes, schön. Für ihn bestand das Geheimnis ihrer Schönheit in der Besonderheit, auch wenn er das damals nicht begriff.

Als er vom Dorf nach Kairo gezogen war, stand dieses Gesicht als Ideal der Schönheit vor seinem geistigen Auge, bis er drei Jahre später zurückkehrte. Sein Leben, seine geistige Bildung und seine Welt hatten sich verändert. Trotzdem fragte er als erstes, vorsichtig und diskret, nach dem Schicksal dieses Mädchens, das ihn als erste betört hatte.

Er erfuhr, daß sie in einem abgelegenen Teil des Dorfes verheiratat war. Da spürte er den Wunsch, allein zu sein, und seine Augen füllten sich mit Tränen.

Kapitel 4

Eine Ärztedelegation

Es war gegen zehn Uhr morgens. Sie hatten in der Dorfschule die erste und zweite Unterrichtsstunde gehabt und eilten aus ihren Klassen wie Vögel, die nach langer Gefangenschaft aus dem Käfig davonfliegen. Endlich frei, rannten und schrien sie durcheinander und holten die Eßvorräte, die sie seit zwei Stunden bei sich trugen, aus den Taschen und verzehrten sie, denn in den Klassen war ihnen dies nach der Schulordnung verboten. Die Söhne reicher Eltern dagegen gingen zum Verkaufsstand von Onkel Khalil, der Zuckerrohr und Datteln feilbot, und kauften für einen *Millim* bei ihm.

All dies war nicht der einzige Zweck der Pause, denn die Kinder hatten in dieser kleinen Viertelstunde noch andere Bedürfnisse. Die Schule lag am Dorfrand, wo die weiten Felder begannen. Die eigentliche Bestimmung der Äcker war es zwar, für die Menschen Getreide und für das Vieh Futter wachsen zu lassen, aber den Schülern dienten sie auch als Toiletten. Eben hatten sich die Kinder in alle Richtungen verteilt, um das auf den Feldern loszuwerden, was von den Taschen in die Mägen gewandert war, da wurden sie noch vor Pausenende durch das heftige, ununterbrochene Läuten der Schulglocke überrascht. Obwohl sie natürlich keine Uhren besaßen, wußten sie immer genau, wie spät es war, und sie täuchten sich nur selten.

Sie stellten sich sofort in Reihen auf, hörten aber die ihnen bekannten Befehle *Sagadun* - rechts, *Suladun* - links und *Marsch* in die Klassen - nicht.

Stattdessen teilte ihnen der Schulleiter etwas sehr Seltsames mit, das sie bisher noch nicht gehört hatten. Sie sollten jetzt zum Bürgermeisteramt gehen und zwar in Reih und Glied; denn da es genau am entgegengesetzten Ende des Dorfes lag, mußten sie die Straßen mitten durch den Ort benutzen. Der Schulleiter ermahnte sie, während des Marsches die Ordnung einzuhalten und weder nach rechts noch nach links abzuweichen, besonders nicht, wenn sie am kleinen Dorfmarkt vorüberkämen, wo Zuckerrohr, Datteln und frische einheimische Äpfel angeboten wurden.

Sie sollten zum Bürgermeisteramt gehen? Warum denn? Sie gingen doch nie dorthin, höchstens ihre Väter oder Familien, wenn sie vom Feldhüter aufgefordert wurden, ihre rückständigen Abgaben zu zahlen, oder um etwas zu bezeugen oder wenn Beschwerden der Bauern vorlagen. Aber sie? Sie waren ja noch Schüler, was hatten sie damit zu tun?

Der Junge konnte sich gegenüber dem Schulleiter und den Lehrern einige Freiheiten herausnehmen, denn er war ein erfolgreicher und beliebter Schüler, vor allem aber der Sohn eines gastfreien, aufgeklärten Mannes, der die Herren Lehrer oft zu sich einlud.

Ich sage also, daß er den Herren Lehrern gegenüber ein offenes Wort riskieren konnte und die Frage stellen durfte:

„Warum gehen wir eigentlich zum Bürgermeisteramt?“

So fragte er. Aber hätte er es doch nicht getan! Die Antwort bewirkte nämlich einen gewaltigen Schock: Der Kreisarzt war da und hatte sie alle zusammen zu sich bestellt.

Der Kreisarzt? Oh Schreck! Heute nahte zweifellos der

Jüngste Tag für sie, denn sie kannten ihn gut. Besuchte er nicht das Dorf, wenn hier an einem staubigen, trüben Tag eine Leiche lag? Dann kamen er und der Staatsanwalt, um die Leiche zu sezieren.

Staatsanwalt und Kreisarzt bedeuteten für das ganze Dorf die beiden schrecklichen, furchterregenden Institutionen. In den Köpfen der Kinder waren sie gestaltlose Phantome, und jeder konnte sie sich so vorstellen, wie es ihm die Phantasie eingab.

Außer dem Staatsanwalt und dem Kreisarzt gab es noch andere gefürchtete Personen: Die Polizeistreife, die aus einigen Polizeisoldaten bestand und nachts zu bestimmten Jahreszeiten ins Dorf kam, um die Wachsamkeit und Pflichterfüllung der Feldhüter zu kontrollieren, oder um alle festzunehmen, die sie nach Mitternacht auf den Dorfstraßen antraf, dann den stellvertretenden Staatsanwalt, den Aufseher und den Provinzgouverneur, welche das Dorf aber meist nur in Begleitung von Staatsanwalt und Kreisarzt besuchten. Diese Personen geisterten in der Phantasie des ganzen Dorfes und besonders der Kinder herum. Und nun bestellte sie der Kreisarzt persönlich zu sich. Worum konnte es sich handeln? Sie hatten überhaupt keine Idee, aber im tiefsten Inneren glaubten sie, daß es nichts Gutes sein konnte, und daß sie das Amtsgebäude unter keinen Umständen ungeschoren verlassen würden.

Welche Aufgaben hatte eigentlich der Kreisarzt?

Gehörte es nicht zu seinen Pflichten, Leichen zu sezieren, Bäuche von Verunglückten aufzuschneiden oder Hände und Füße abzutrennen, nur um ihnen zu schaden oder sie aus reinem Vergnügen zu untersuchen? Oder gab er nicht einigen Kranken die *Tasse*, das heißt Gift zu trinken, um sie zu töten, damit er sie nicht behandeln mußte? Tat er dies nicht auf

Wunsch des Bürgermeisters, der ihn bestochen hatte, um sich seiner Gegner zu entledigen?

Doch was wollte dieser Kreisarzt von ihnen?

Sie waren ja keine Leichen, die er sezieren, und auch keine Verunglückten, denen er die Gliedmaßen abschneiden oder die *Tasse* verabreichen könnte. Bestellte er sie etwa ohne triftigen Grund zu sich? Das geringste Übel, das er ihnen antun könnte, war die *Verwundung*; damit bezeichneten sie die von Gesundheitshelfern oder manchmal auch Krankenpflegern durchgeführte Impfaktion, die allen Angst einflößte und das Dorf in große Unruhe versetzte. Immer wenn der kleine Kreisarzt angekündigt wurde - so genannt, um ihn vom großen Kreisarzt zu unterscheiden, der sie jetzt zu sich bestellte, gewöhnlich den Staatsanwalt begleitete und nie allein erschien -, geriet das Dorf in Unruhe. Mütter stürzten in panischer Angst auf die Straße, um ihre Kinder hastig einzusammeln. Sie verriegelten die Tür, stiegen auf die Dächer und machten sich bereit, von einem Haus zum anderen zu springen. Doch häufig schlugen diese Teufel von Krankenpflegern gegen die Türen, brachen sie mit Hilfe der Feldhüter auf und überrumpelten alle mit der *Verwundung*.

Wer nun den Sprung zu den Nachbarhäusern geschafft hatte, der konnte sich retten. Wem dies aber nicht gelang, der verbarg sich im Getreidespeicher oder im Hühnerstall, wo ihn der Kreisarzt bestimmt nicht vermuten würde.

Dieser Kreisarzt war ihnen vertraut, doch was hatten sie mit dem großen Kreisarzt zu tun, aus dessen Händen niemand gerettet wurde außer durch ein Wunder des Schicksals oder die segensreiche Wirkung des Amuletts eines großen Heiligen?

Ihre Knie zitterten, als sie die unheilvolle Nachricht hörten, und ihre Gesichter wurden fahl. Einige seufzten und klagten.

Vergeblich bemühten sich die Herren Lehrer, sie zu beruhigen und ihnen Vertrauen einzuflößen, denn sie würden ja mitgehen und bei ihnen bleiben.

Gewiß, aber was nützte das? Sie waren unterwegs zum Kreisarzt, ob mit oder ohne die Herren Lehrer, die sie achteten, und die, wie sie meinten, aus einem anderen Holz geschnitzt waren als die übrigen Dorfbewohner. Heute ging es um das Anliegen des Kreisarztes, nicht um ein allgemein menschliches Problem.

Es gab kein Entrinnen vor dem vorherbestimmten Schicksal, da ihnen auch noch gesagt wurde, daß ein Fluchtversuch keinen Vorteil bringe, denn man führe sie in Reih und Glied unter der Bewachung der Feldhüter und der Herren Lehrer. Außerdem seien ihre Namen aus den Schulakten an den Kreisarzt gelangt, und nach einem Fluchtversuch würden sie verhaftet und bestraft.

Es gab also kein Entrinnen vor dem Verhängnis. Durften sie nicht wenigstens ihre Angehörigen benachrichtigen und ihre Häuser und Familien sehen, bevor sie zu jenem unbekannten Schicksal getrieben würden? Auch dies war verboten, und da marschierten sie schicksalsergeben los.

Irgendwie kamen sie zum Amtsgebäude. Sie standen in einer langen Reihe, der erste im Inneren des Hauses in der Gefahrenzone, und der letzte auf der Straße davor. Zur Rechten und Linken postierten sich die Feldhüter mit ihren Gewehren und langen Filzmützen; ein Lehrer stand am Anfang der Reihe und ein anderer am Ende. Der Schulleiter war schon vor ihnen hineingegangen, um sie ein wenig zu beruhigen, und mit sichtlicher Zuversicht wieder herausgekommen.

Man hatte die Reihe nach der Körpergröße aufgestellt. Die größten Schüler waren vorn und die kleinsten hinten. Und lediglich in diesem Augenblick war das Kleinsein eine der großen Wohltaten Gottes.[1]

Nur Gott wußte, was mit denen geschah, die zuerst hineingegangen waren; die weiter hinten Stehenden warteten voller Spannung und Angst, um zu erfahren, wie es ihnen selbst ergehen würde. Als plötzlich einige größere Schüler wieder herauskamen, schwirrten Fragen und Schreie durch die Luft, die weder die Feldhüter noch die Herren Lehrer verhindern konnten:

„Ward ihr beim Kreisarzt?"

„Ja, wir waren drin."

„Was hat er mit euch gemacht?"

„Eigentlich nichts. Er hat uns mit der Nadel in den Finger gestochen und Blut abgenommen."

Blut! Doch sie wirkten ganz lebendig und gesund.

„Und was habt ihr da in euren Händen?"

„Einen Blechbehälter für eine Stuhlprobe und ein kleines Fläschchen für eine Urinprobe."

„Eine Stuhlprobe und eine Urinprobe? Und wozu?"

„Keine Ahnung! So hat es der Kreisarzt von uns verlangt."

„Der Kreisarzt persönlich?"

„Nein. Der große Kreisarzt hat uns Blut abgenommen und die Assistenzärzte haben uns den Behälter und das Fläschchen gegeben und von uns die Probe für den Kreisarzt verlangt."

Der Schrecken legte sich ein wenig, aber dafür fragte man sich verblüfft und verwundert nach dem Sinn der Maßnahme. Niemand hatte vorher so etwas von ihnen verlangt. Was würde der Kreisarzt mit diesen wunderlichen Proben anfangen? Wenn sie noch begriffen, daß er ihnen Blut abnahm, so ging es über ihren Verstand, warum er solche Proben verlangte. Denn Stechen und Blut gehörten nun einmal zum Kreisarzt, aber das? Aber es wird schon seine Richtigkeit haben!

Obwohl es anfangs schien, als sei die Forderung leicht zu erfüllen, stellte sie sich doch in vielen Fällen als schwer heraus. Sie mußten nämlich zu den Toiletten der Dorfmoscheen gehen und nach einer halben Stunde mit den Proben zurückkommen. Aber nicht alle Schüler waren dazu in der Lage, denn sie hatten in der Schulpause ihre Bäuche bereits entleert. Vor der Pause wäre es kein Problem gewesen, die Probe zu liefern, die nicht so einfach auf Verlangen kommt.

Diejenigen nun, in deren Eingeweiden ein Rest geblieben war, gingen beruhigt davon; die Gesichter derer aber, die sich ohne Erfolg bemühten, wurden bleich, und sie bekamen eine furchtbare Angst. Was sollten sie tun? Wie sollten sie zum Bürgermeisteramt zurückkehren? Oder wäre es besser, sich vor dem Abgabetermin zu verbergen? Wenn sie mit leeren Händen wiederkämen, würde der Kreisarzt ihnen mindestens die Bäuche aufschneiden und daraus die geforderte Probe entnehmen, oder aber, er würde in ihre Körper lange Kanäle bohren. Im ersten Fall drohte der Tod oder wenigstens Lebensgefahr, im zweiten Schande vor ihren Kameraden und den Dorfbewohnern.

Wer konnte sie vor diesem Schicksal bewahren, wenn sie wieder vor dem Kreisarzt standen? Die Angehörigen waren trotz ihrer Tapferkeit und Körperkraft gegenüber diesem gefährlichsten Mann der Obrigkeit, dem Zwillingsbruder des Staatsanwalts, vollkommen machtlos, und mehr muß nicht gesagt werden.

Jetzt kamen List und Solidarität zum Zuge, denn die Schüler hatten ja Brüder, und wann sollten sie ihre Nützlichkeit zeigen, wenn nicht hier? Die Schüler bestürmten ihre Brüder, den kleinen Behälter für sie zu füllen. Sie taten es, aber dabei erhob sich nun die Frage, ob eine halbe Füllung genügte oder ob er ganz voll sein mußte. Die vorherrschende Meinung war, daß er unbedingt bis zum Rand gefüllt werden mußte, und so verfuhren sie.

Hier konnte man die Charaktere in ihrer wahren Beschaffenheit kennenlernen, denn Notfälle sind der beste Prüfstein dafür. Die anständigen Brüder halfen sofort, aber die anderen verweigerten die Rettung, sei es wegen eines alten Streits oder aus Gemeinheit oder um die Gelegenheit auszunutzen.

Die Brüder konnten den Bedarf also nur teilweise decken, und es blieben viele Schüler, die nicht weiterwußten. Da kam der Genius eines Mitschülers auf eine glänzende Idee: In den Toiletten der Moscheen gab es ja genug für alle. Wie das? Um das zu verstehen, sollen die Moscheetoiletten kurz beschrieben werden.

Im Dorf standen ungefähr zehn im alten Stil gebaute Moscheen, deren sanitäre Anlagen sich stark von den heutigen unterschieden. Es gab dort ein aus Ziegeln gemauertes, innen und außen mit Mörtel verputztes Bassin, das ein Moscheediener mit einem Eimer aus dem Moscheebrunnen füllte. Außen steckten Zapfhähne, mit deren Hilfe die Beter ihre rituellen Waschungen vollzogen.

Aber dieses Bassin diente nicht nur der rituellen Waschung, sondern auch der Reinigung derer, die in ihren Häusern keine Brunnen hatten. Kurz vor der Morgendämmerung stiegen sie im Schutz der Dunkelheit auf die Mauer des Beckens, hoben den hölzernen Deckel hoch und tauchten ins Wasser. Sie reinigten den Körper vom stofflichen und seelischen Schmutz, den sie den Betern hinterließen, die sich nach ihnen vor dem Gebet wuschen.

Neben den sanitären Anlagen standen die Toiletten in einer langen Reihe, jeweils eine von der anderen durch eine Wand abgetrennt. Im hinteren Teil der Toilette floß in einer Rinne Wasser aus dem Moscheebrunnen, und mit diesem Wasser reinigten sich Beter und Nichtbeter die Hände, wenn sie die Toilette verließen.

In jeder Toilette standen zwei Mauerpfeiler, auf die man sich nach Bedarf setzen konnte. Zwischen den beiden war eine breite Öffnung, durch die man gezwungen war, seine Beine zu spreizen, um nicht in das große Loch zu fallen, das sich immer mehr füllte, denn die Kapazität der Senkgruben war begrenzt und die Zahl der regelmäßigen Benutzer gewaltig. Da die Dorfhäuser nur selten über Toiletten verfügten, gingen die Männer und älteren Jungen in die Moscheen und auf die Felder, die Frauen und Kinder hingegen zogen sich auf die Dächer zurück, wo es genug Möglichkeiten gab.

So hielt man es das ganze Jahr über; ein immer stärker werdender unerträglicher Gestank ging von diesen Toiletten aus, und die Fliegen saßen abwechselnd auf den offen daliegenden Fäkalien und auf den Gesichtern der Sitzenden. Wenn aber die Toiletten unbesetzt waren, flogen sie unbekümmert zu den Betern und in die benachbarten Häuser.

Zu einem bestimmten Zeitpunkt beauftragte man die Latrinenreinigung der nächsten Stadt, die Senkgruben einer oder mehrerer Moscheen zu leeren. Die in den Städten benutzten Latrinenwagen wären im Dorf fehl am Platz gewesen, denn es gab hier eine manchen merkwürdig erscheinende, aber sinnvollere Möglichkeit, die man der Landwirtschaft abgeguckt hatte.

Benutzte man auf den Feldern nicht Kanäle, um das Wasser überallhin zu leiten? Warum sollte man es mit dem Latrineninhalt nicht genauso machen? Und man tat es! Man grub also einen offenen Kanal von der Moschee zu den Feldern außerhalb des Dorfes. Dieser Kanal verlief in der Mitte der Straßen an den Häusern und Läden vorbei. Man befestigte einen Eimer an einem Seil und hängte es über einen Rollenzug. Zwei Arbeiter standen abwechselnd über der Senkgrube, füllten den Eimer und schütteten ihn in den Kanal. Nach einem Weilchen floß der Strom und schwemmte alles auf die Felder, die über diesen natürlichen, wertvollen Dünger froh waren.

Wenn die Gruben einiger verstreut im Dorf liegender Moscheen entleert werden mußten, bildeten alle Kanäle im Dorf ein miteinander verbundenes Netzwerk; doch den Bewohnern der Häuser und Läden machte der seltsame Anblick und der starke Gestank für ein oder zwei Wochen nichts aus, denn es handelte sich um Häuser Gottes, und es ziemte sich nicht, über die Ausscheidungen der Beter zu klagen.[2]

Dies alles brachte den Schüler auf seine geniale Idee. Kaum hatte er sie seinen bekümmerten Kameraden mitgeteilt, da überkam sie wieder Freude nach der Bedrückung[3], und es dauerte nur Minuten, bis alle Behälter gefüllt waren. Die Ärzte nahmen diese in tiefem Vertrauen in Empfang, die Schüler erhielten für den Rest des Tages schulfrei und kehrten - sie konnten es kaum glauben - nach Haus zurück.

Später erfuhr er, daß es sich um eine Ärztedelegation gehandelt hatte, die eine medizinische Statistik über das Vorkommen von Anämie, Bilharziose, Haken- und Fadenwürmern aufstellen sollte.

Aber er erfuhr nicht, wie die Ergebnisse aussahen, welche die Delegation in ihren vertrauenswürdigen, amtlichen Statistiken niedergelegt hatte.

Kapitel 5

Der Herr Doktor

Er war unter sechs Jahre alt und ging noch nicht in die Grundschule, da fühlte sich eines Morgens, als die Sonne aufging, die ganze Familie krank; sie erbrachen und klagten über Schmerzen. Noch gestern waren sie alle gesund und munter gewesen, außer ihm, der sich seit Tagen unwohl gefühlt hatte.

Zum Abendbrot hatte es Fleisch, zwei Sorten Gemüse, Reis und Wassermelone gegeben. Der Grund für diese üppige Mahlzeit war die *Khatma.*

Die *Khatma* wurde bei ihnen im Lauf des Jahres vier- oder fünfmal gehalten. Man lud einige Koranrezitatoren ins Haus ein, um den Koran rezitieren zu lassen und Segen, Glück und Barmherzigkeit für die Seelen der Verstorbenen zu erwirken. Das geschah jeweils am *Ashûra*-Tag, am Opfer- und Fastenbrechen-Fest, am 27. *Radschab* und in der Mitte des Monats *Sha*ᶜ*bân.* Der Koran wurde aber auch während des ganzen Monats *Ramadan* gelesen. Man nannte diesen Brauch *Khatma*, weil die vier oder fünf Koranleser den ganzen Koran von Anfang bis Ende *rezitieren - khatima.* Einen Teil des Korans lasen sie nach der Regel, das heißt sie rezitierten ihn laut, langsam und singend, andere Teile trugen sie nach Belieben leise vor.

Einige, die besonders frommen unter ihnen, hielten sich zurück und rezitierten ihren Anteil im Stillen für sich, wenn nicht am Tag der *Khatma*, dann später. Einer murmelte und rezitierte einige Verse halblaut; von Zeit zu Zeit hob er die Stimme bei einem einzelnen Wort oder einer Silbe, danach erstarb die Stimme wieder, und er flüsterte nur noch. Danach erklärte er, daß er seinen ihm bestimmten Teil beendet habe und fügte das übliche „Gott der Erhabene sprach die Wahrheit" hinzu.

Die Koranrezitatoren erschienen am Abend vor der Khatma, damit sie sich auf den folgenden Morgen vorbereiten konnten. Das Morgengebet verrichteten sie schon im Haus und zwar im Empfangsraum und rezitierten dabei den Koran mit leiser Stimme, bis die Sonne aufging. Dann wurde ihnen das Frühstück gereicht, in Milch gekochter Reis oder Weizenbrotstückchen in gezuckerter Milch. Das bekamen sie aber nur, wenn die Tiere zwischen Herbst und Frühling reichlich Milch gaben. Im Sommer dagegen, wenn die Milch knapp war, bestand das Frühstück meistens aus Honig oder Käse, gelegentlich aus Weizenbrot oder Buttergebäck. Denn im Sommer sind die Haustiere *trocken*, das heißt sie halten ihre Milch zurück, weil sie sich auf das Kalben im Herbst vorbereiten. Nur die nichtträchtigen Wasserbüffelkühe werden bis ins folgende Jahr gemolken, falls sie im Jahr davor gekalbt haben.

Danach fuhren sie in der Koranrezitation fort, manchmal laut, indem sie langsam und singend vortrugen, dann wieder flüsternd oder kaum hörbar murmelnd, bis es Mittag wurde, und sie zum Gebet das Haus verließen. Nach ihrer Rückkehr erwartete sie das Mittagessen, mindestens Weizenbrot, Käse und Honig. Dann aßen sie und hielten, wenn es Sommer war, Mittagsruhe bis zum Nachmittag; während des Winters ruhten sie dagegen nur ein wenig aus und tranken Tee, ein Zimtgebräu oder andere wärmende Getränke. Zur Zeit des Nachmittagsgebets verließen sie das Haus, um zu beten, einige beteten aber auch im Haus.

Dann versammelten sie sich nach dem Nachmittagsgebet noch einmal und rezitierten den Koran mit lauter Stimme langsam und singend, so daß es die meisten Leute im Viertel hören konnten. Das dauerte bis zum Sonnenuntergangsgebet. Danach wurde ihnen die Hauptmahlzeit gereicht: Fleisch, Gemüse, Reis und frisches oder gekochtes Obst. Einige von ihnen aßen zurückhaltend und manierlich, das waren jedoch die wenigsten; die meisten stopften alles in sichtbarem Heißhunger auf unappetitliche Art und Weise in sich hinein.

Der Junge erinnert sich noch daran, wie einer von ihnen einen Fladen des im Dorf üblichen Brotes, das doppelt so groß war wie das Stadtbrot, in nur vier Teile teilte und jedes Viertel voll tierischer Gier in die Eßschüssel tauchte. Dabei achtete er darauf, daß er die größtmögliche Menge Fett aufnahm und nach oben führte, wobei das Fett auf die Handfläche und die Füße floß und auch auf die Gewänder tropfte. Die ganze Ladung stopfte er sodann in den weit geöffneten Mund; kaum begannen seine Kinnladen zu mahlen, einmal hier und einmal da, beförderte er den Bissen mit hörbarem Geräusch in seinen Schlund, während die Hand schon damit beschäftigt war, den nächsten Bissen vorzubereiten. Das ging so weiter bis zum neunten oder zehnten Fladen fast wie im Nu eines Augenblicks. Dies alles wurde beim Fleisch und Obst noch schlimmer; mit dem Fleisch war man so freigebig, daß auf jeden fast ein Kilo entfiel.

Aus diesem Grund blickte man im Dorf voller Neid auf die Koranrezitatoren, und das Interesse, den Koran zu rezitieren, war gewaltig. Während der meisten Zeit des Jahres hatte der Koranrezitator einen garantierten Lebensunterhalt und konnte solche Mengen essen, wie es auch den ganz Reichen im Dorf nur selten möglich war. Außerdem bekam er zu allen genannten Leistungen noch ein Entgelt, das fünf Piaster für jede *Khatma* betrug, obwohl das Übliche nur die Hälfte des genannten Betrages gewesen wäre.

Die Tage der *Khatma* waren nicht die einzigen glücklichen Tage im Leben der Koranrezitatoren; es gab da noch die Trauerfeiern, die man im Dorf während sieben voller Nächte hielt, in denen der Koran schon am Nachmittag, üblicherweise aber in der Nacht und am Morgen rezitiert wurde; die Koranrezitatoren erhielten zweimal täglich eine Mahlzeit, davon eine - zur Abendzeit - mit Fleisch und Gemüse.

Dann gab es noch die *Tal'a*, die sieben Tage nach dem Begräbnis stattfand, an denen die Familie des Toten in Begleitung ihrer lieben Freunde zum Friedhof ging. Auch dabei wurde der Koran rezitiert, und die Rezitatoren bekamen eine beträchtliche Menge ungesäuerten Brotes. Dann gingen sie ins Haus zurück und rezitierten eine *Khatma* wie zu den Festtagen, und an diesen Brauch hielten sich Arme wie Reiche.

Über diese üppige Bewirtung hinaus erhielt der Rezitator eine großzügige Vergütung dafür, daß er sieben Nächte lang den Koran rezitiert hatte; manchmal betrug sie ein halbes Pfund, meistens belief sie sich aber auf fünfundzwanzig Piaster.

Die *Ramadan*-Nächte bildeten eine lange, glückliche Jahreszeit für die Koranrezitatoren, denn mehr als zwanzig Häuser im Dorf veranstalteten diese Nächte, in denen sie zwischen vierzig und sechzig Rezitatoren beschäftigten. Das waren die Glücklichen, auf die ihre Kollegen voller Verlangen und Neid schauten. Sie nahmen in jeder Nacht die letzte, kräftige Mahlzeit vor Fastenbeginn ein, und in einigen Häusern erhielten sie außerdem das Abendessen nach dem Fastenbrechen. Wenn es einen Feiertag gab, rezitierten sie die *Khatma*, wurden verköstigt und bekamen ihr ansehnliches Entgelt, meistens ein Pfund für jeden Prediger.

Es ist nicht verwunderlich, daß diese Zunft im Dorf geachtet wurde, denn mit ihnen war der Segen des Buches Gottes, das sie in ihrem Herzen trugen. Sie hatten einen gesicherten Lebensunterhalt und lebten geachtet und glücklich.

Es war die Nacht in der Mitte des Monats *Shaᶜban*, als es die oben erwähnten Gerichte gab. Die Familie nahm ihr Abendbrot ein, nachdem die Koranrezitatoren gegessen hatten und man Essen an die Armen verteilt hatte. Den Rest Fleisch und die aufgeschnittene Wassermelone hob man bis zum nächsten Morgen auf.

Als nun der Morgen graute, kam die Familie zusammen, aß Fleisch, Käse und Brot, und einige von ihnen kosteten auch von der Wassermelone. Der Junge aber nahm wegen seines Unwohlseins kein Fleisch, wohl aber ein kleines Stück Wassermelone, dazu einen Bissen Brot und Käse, mehr nicht.

Kaum war eine Stunde vergangen, da setzten die Bauchschmerzen ein. Zuerst erbrach einer seinen Mageninhalt, dann tat es ihm kurz darauf ein anderer nach. Die Schmerzen wurden immer stärker, ihnen wurde schwindelig, und im ganzen Haus gab es nur eine Meinung: Das Essen ist verdorben.

Die Familie bestand zu jener Zeit aus den beiden Eltern, ihm, dem kleinen Jungen, und zwei Schwestern, von denen eine drei Jahre älter und eine drei Jahre jünger war. Dazu kamen noch Dienstboten, die aber keine Dienstboten im Sinne der Stadtbewohner waren, sondern arme Dorfbewohner, einige mit der Familie entfernt verwandt, einige in der Nachbarschaft wohnend. Diese Männer, Frauen und Kinder erledigten - mit Ausnahme der Essenszubereitung, die naturgemäß Aufgabe der Mutter war - zu bestimmten Tages- und Nachtzeiten die Hausarbeit. Dafür wurden sie verköstigt oder erhielten Brennmaterial vom Dung der Reittiere und einige Kleidungsstücke, die die Familie abgelegt hatte. Oder sie bekamen in der jeweiligen Saison einige Maß Getreide oder eine bestimmte Menge an trockenem Hirsestroh als Brennmaterial.

Zwischen ihnen und der Familie herrschten vertraute Beziehungen, nicht so wie zwischen einem Diener und seinem Herrn. Als Kinder nannten sie den Hausherrn „mein lieber Onkel Hadsch" - der Vater hatte die Pilgerfahrt gemacht -, als Erwachsene sagten sie nur „Hadsch" zu ihm, ohne die unterwürfige Formel „mein Herr", die man in der Stadt benutzt.

Alle Familienmitglieder zeigten nacheinander Symptome einer Vergiftung, und es ertönte der Ruf: Das Essen ist verdorben, mit dem Buchstaben *Shin* (*mashmum* = verdorben) und nicht mit dem Buchstaben *Sin* (*masmum* = vergiftet); erstaunlicherweise verstand man unter Vergiftung, daß Ungeziefer daran geschnuppert hatte, und damit meinte man im allgemeinen Schlangen und manchmal Geckos.

Alle Speisen ließ man offen stehen, besonders die Milch und die Wassermelonen. Das bot nach ihrem Aberglauben den Schlangen Gelegenheit, daran zu *schnuppern*. Mit *schnuppern* meinte man, daß sie die Speisen belecken und darauf ihren giftigen Speichel spritzen. Und wenn jemand davon aß, zirkulierte das Gift schnell im Körper, so wie es bei ihnen geschah.

Es war noch keine Stunde vergangen, da hatte sich die Nachricht in allen Teilen des Dorfes verbreitet, und die Leute strömten allein oder in Gruppen herbei, Familienmitglieder,

Freunde und andere; das Haus füllte sich von oben bis unten mit Besuchern beiderlei Geschlechts. Der Vater hatte sein Bett im öffentlichen Teil des Hauses, der vom Frauenteil - *Harim* - getrennt war, und um sein Bett versammelten sich Männer aus allen Schichten und Altersstufen. Der Junge aber, die Mutter und die beiden Schwestern wohnten im anderen Teil; wegen der vielen Kommenden und Gehenden war im Haus kein Fußbreit Platz.

Ihr Zustand galt als Alarmsignal, denn diese im Dorf oft vorkommenden Fälle ließen nichts Gutes erwarten. Der Grund für diese Erkrankungen waren entweder verdorbene Speisen, weil man das Gekochte zwei oder drei Tage aufbewahrt hatte, oder Kupferoxid, das sich im Kupfergeschirr bildete; aber letzten Endes glaubte man immer an Schlangengift.

Da das gesamte Kochgeschirr gerade an dem Tag mit Zinn überzogen worden war, weil man sich vor der Vergiftung besonders schützen wollte, schied diese Möglichkeit aus. Auch eine Vergiftung durch eine verdorbene, angeschnittene Wassermelone kam nicht in Frage, denn das Hausgesinde hatte den Rest der Wassermelone und die anderen Essensreste verzehrt, ohne in irgendeiner Weise krank geworden zu sein. Nun kam eine dritte Vermutung ins Spiel, nämlich, daß es sich nicht um Schlangengift, sondern um Neid handelte.

Daran glaubten viele im Dorf. Ihre eigene Familie wurde um viele Dinge beneidet; besonders ihr Wohlstand rief die größte Mißgunst hervor, denn keine andere sichtbare Gnadengabe kam dem gleich. Es reichte schon, daß die Leute sahen, wieviel Fleisch, Butterschmalz und Obst, das sich nur wenige leisten konnten, ins Haus kam, um die Herzen der Dorfbewohner mit Neid zu erfüllen, was man gut verstehen kann.

Die allgemeine Meinung hielt also die Mißgunst für die Ursache dieser unerwarteten, alle Familienmitglieder betreffenden Vergiftung, denn die Dienerschaft, die ebenfalls gegessen hatte, war nicht betroffen. Obwohl es viele Erklärungen für ihre Krankheit gab, wurde doch der Neid an erster Stelle genannt.

Der Vater, ein aufgeklärter Mann, akzeptierte diese Erklärung nicht, und man setzte nun alle Hoffnung auf die ärztliche Kunst.

Hätte man die wirklichen Gefühle des Jungen an jenem Tag aufgedeckt, so wären Entzücken und Glückseligkeit zum Vorschein gekommen, denn es herrschte Leben im Haus. Alle möglichen Leute kamen und gingen und nahmen offensichtlich Anteil an ihnen und besonders an ihm, war er doch der einzige Sohn der Familie. Überall herrschte eine unaufhörliche Bewegung, die nicht zur Ruhe kommen wollte.

All das erregte und erfreute ihn trotz der Krankheit, und wenn er nicht unpäßlich gewesen wäre, hätte sich sein Glück verdoppelt. Würde sich doch jeden Tag ein solches Durcheinander im Haus abspielen!

Aus dieser zahlreichen, sich ständig in Bewegung befindlichen Menge stach ein bemerkenswerter Mann hervor. Er war groß, schlank, hellhäutig, er trug eine weiße, saubere *Gilbâb*, die nach der Mode der Kreisstadt, nicht des Dorfes, zugeschnitten war, und darüber einen ebenso weißen, sauberen Arztkittel. Die Füße steckten in eleganten Lederpantoffeln. Dieser aus der Menge herausragende, feine Mann erteilte Befehle, aber auf freundliche, gütige und kluge Weise. Er ließ eine bestimmte Menge Milch bringen und löste persönlich ein Medikament darin auf. Dann gab er Anweisung, sie den Kranken in Trinkbechern zu reichen, denn er hatte die Aufsicht über die Heilung einer so großen Zahl von Vergifteten. Dieser bemerkenswerte Mann war – *Herr Doktor.*

Man muß wissen, daß dieser Herr als Krankenpfleger gearbeitet hatte, bevor ihn das Kreiskrankenhaus entließ. Danach beschloß er, im Dorf eine Praxis zu eröffnen, wo er den Namen *Doktor* bekam.

Der Junge erinnert sich an diese Praxis. Sie bestand aus zwei großen, sauberen Zimmern oberhalb der Ladengeschäfte am kleinen Markt. Oft hatte er dieses Zimmer betreten, um sich die vielen Verletzungen verbinden zu lassen, die er sich regelmäßig mit dem scharfen Taschenmesser zufügte. Er trug es immer bei sich, um Zuckerrohr abzuschneiden und in Holztüren und -fenster zu ritzen. Außerdem schnitt er leere Garnrollen in zwei Hälften, setzte sie wieder zusammen und machte daraus *Zi'ninas*, eine Art Kreisel, in deren Öffnung ein ganzer Dattelkern gesteckt wurde. Dann brachte man sie mit zwei Fingern zum Kreisen, und sie drehten sich eine Weile, mal länger, mal kürzer, je nachdem, wie kräftig der Spieler, wie gut der Dattelkern und wie schwer der Kreisel war.

Dann hatte er einmal die kleine Schwester dorthin gebracht, die ein krankes Ohr hatte, dessen Absonderungen Fliegen anlockten, die dort verendeten und dadurch zur Gefahr wurden. Als er mit ihr zum Herrn Doktor kam, reinigte er das Ohr und holte die Fliegen mit Hilfe eines festen Gummischlauchs heraus. Der Herr Doktor behandelte nicht nur diese leichteren Fälle, sondern heilte auch sämtliche Augen-, Magen- und Brustleiden; für all diese Krankheiten gab es bei ihm Medikamente, und viele Operationen wurden in der Praxis oder in den Häusern vorgenommen. Er öffnete Abszesse überall am Körper und renkte Knochenbrüche ein, so komplex sie auch sein mochten. Dutzende dieser kleinen Behandlungen führte dieser Mann mit seinem Skalpell in aller Ruhe aus.

An eines aber wagte er sich nicht heran, nämlich an Bauchöffnungen; dies jedoch nicht aus Unvermögen - das verhüte Gott! -, sondern auf Grund seiner Herzensgüte und aus tiefem Glauben. Diese schlimmen Operationen gehörten zu den speziellen Aufgaben des Kreisarztes, des Arztes, der mit dem Staatsanwalt kam, um Leichen zu sezieren, Bäuche aufzuschneiden und Tote und Verunglückte zu verstümmeln.

Aber dieser gutherzige, milde, feine, sanfte Mann wagte sich nicht an diese schlimmen Dinge, dazu war er eben zu friedlich, sanft und barmherzig. Heute, am Tag der Vergiftung, wirkte er auf seinem eigentlichen Gebiet, dem Feld der Hilfsbereitschaft und der ärztlichen Kunst.

Der Leser möge verstehen, daß dieser Herr nur der Freund der aufgeklärten Dorfbewohner war, derer, die mit ihren Söhnen bei ihm Hilfe suchten, wenn sie von schlimmen Krankheiten heimgesucht wurden, im Unterschied zu den anderen, die zu Dorfmethoden und Dorfbadern Zuflucht nahmen. Die Freunde dieses Herrn waren also diejenigen, die im Dorf an die neue Medizin glaubten.

Alle Vergifteten wurden geheilt. Dadurch wuchsen sein Ruhm und sein Ansehen noch mehr, und viele wandten sich ihm zu, sogar solche, die bisher nicht viel von ihm hielten.

Das Honorar dieses Herrn war weder hoch noch ansehnlich, überstieg es doch kaum einen oder zwei *Piaster*, die man für das Medikament zahlen mußte. Wie konnte er überhaupt von diesem geringen Einkommen leben? Man muß wissen, daß sich das Dorf großzügig und gastfreundlich verhielt, so daß er für die Praxis, wo er auch wohnte, keine Miete zahlen mußte. Selten bezahlte er für sein Essen, denn jeden Tag lud ihn einer seiner Freunde aus der aufgeklärten Oberschicht ein, jene, die an die neue Medizin glaubten und nicht an Aberglauben und Quacksalberei.

Das Ereignis aber, das seinen Ruhm erst richtig verbreitete und ihn zum Gipfel des Ansehens führte, ist eine andere Geschichte, die auf die Episode der Vergiftung folgte. Das Dorf geriet darüber in helle Aufregung, weil dieser Vorfall verschiedenartigste Elemente enthielt, die alle zur heftigsten Anteilnahme herausforderten.

Unter den vielen Dorfheiligen befand sich ein bedeutender noch lebender Heiliger – Heilige können lebend oder tot sein und sie sind in verschiedene Rangstufen und Grade eingeteilt –, der aus einer Heiligenfamilie stammte, in der die Heiligkeit seit langer Zeit erblich war. Sein Trank war schwer und gewaltig gewesen. In der Versammlung der Heiligen gab es nur vier Rangstufen über seiner: as-Sayyid al-Badawi, Sayyidi Ibrahim ad-Dassuqi, Sayyidi Abd al-Qadir al-Djilani und al-Qutb al-Mutawalli. An der Spitze aller stand der Qutb al-Ghauth, wie es bereits im Kapitel *Der Besessene* geschildert wurde.

Ja, selbst der Scheich Abd al-Fattah, der verstorbene Heilige dieses Dorfes, das seinen Ursprung auf ihn zurückführte – wenn der offizielle Dorfname fiel, wurde gesagt: Das Dorf des Scheichs Abd al-Fattah – erreichte nicht den Rang dieses lebenden Heiligen Scheich Bakr, obwohl der Verstorbene älter als dieser und tiefer in den Seelen der Dorfbewohner verwurzelt war.

Durch die Kraft des Tranks überkam den Scheich nach Zeiten ruhiger Heiligkeit immer wieder ein Zustand heftiger, starker Besessenheit. Er blieb eine Reihe von Tagen aufgeregt, während derer sich ihm niemand nähern konnte, es sei denn, man wollte die Süße des Stockes genießen, um einen schmerzenden Körperteil zu heilen.

Auf diesen Zustand folgte absolutes Schweigen und andauerndes Fasten. Er aß nicht, sprach nicht, empfing niemanden und nahm nur ein oder zwei Datteln mit ein wenig Wasser zu sich, während er beharrlich schwieg. Danach war er ruhig und empfing seine vielen Besucher, die aus verschiedenen umliegenden Dörfern in sein Haus strömten. Als dreimal glücklich galt der, dem es gelang, den Rand seines Gewandes zu berühren; derjenige jedoch, der es vermochte, seine Hand zu fassen oder zu küssen, hatte im Diesseits und Jenseits den Sieg errungen.

Der Scheich äußerte sich nicht in klarer Rede, sondern in kurzen Anspielungen und dunklen Andeutungen. Die Verwandten des Scheichs und die mit ihm Betenden gaben jeder Anspielung eine bestimmte Bedeutung. War die Deutung positiv, freuten sich die Betreffenden darüber, war sie negativ, behaupteten sie, die Absichten des Scheichs nicht zu kennen, da das Wissen darüber bei Gott sei. In diesem Fall gingen sie davon aus, daß sie nicht gehört wurden und die Entscheidung ihrer Bitte noch ausstand. Sie warteten einen anderen Augenblick ab, in welchem der Scheich ihnen günstiger gesinnt war oder die Himmelspforten sich öffneten und ihre Bitte erhört wurde, wenn der Scheich Gott deshalb anrief; er rief ihn aber nur dann an, wenn er der Antwort sicher war.

Wenn der Scheich ein Bad nahm - was er jedoch nur selten tat -, so war das Wasser, das er benutzte, und das das Beste seines Körpers in sich trug, heiliges Wasser. Seine Familie bewahrte es auf, um es portionsweise an die wartenden Auserwählten zu verteilen. Einige von ihnen tranken es, einige wuschen sich damit die Augen, und andere hoben es in Flaschen für Notfälle auf. Zum Haus dieses Heiligen strömten die Scharen aus allen Himmelsrichtungen, und die Geschenke wurden auf diese Weise immer zahlreicher. Einige Gäste brachten etwas mit, wogegen andere etwas empfingen; es gab ein ständiges Kommen und Gehen, es gab viele Wohltaten, und alles geschah mit dem Segen des großen Scheichs. Und zudem war das Haus ein Krankenhaus

Denn für jeden, der unheilbar krank war, blieb nur noch das Haus des Scheichs als letzte Rettung, aber es reichte nicht, ihn nur hin und wieder zu besuchen, es bedurfte schon eines längeren Aufenthalts. Der aber blieb nur den ganz besonders Auserwählten vorbehalten: alteingesessenen befreundeten Familien, den Honoratioren und denen, die beim Scheich und seiner Familie gut angeschrieben waren; sonst wären die Zimmer des Hauses und sein Hof nicht groß genug gewesen für alle, die dort wohnen wollten.

Zu den Glücklichen in der Nähe das Scheichs gehörte ein Mädchen aus einer sehr reichen Familie eines benachbarten Dorfes. Sie litt an Wahnsinn; ihre Familie brachte sie zum Haus des Scheichs, während die Pforten des Himmels geöffnet waren. Der Scheich erhörte sie und erlaubte ihr, bei ihm zu wohnen. Ihr und ihrer Dienerin, die sie aufgezogen hatte, wurde ein möbliertes Zimmer zugewiesen, wie es für Mädchen reicher Eltern in Oberägypten üblich war.

Wir brauchen hier die Geschenke nicht zu beschreiben, die man als Gegenwert für diesen geschätzten Aufenthalt in das Haus des Scheichs schaffte. Es möge genügen zu sagen: Zwei mit Getreide, Schlachtvieh, Süßigkeiten, Zucker und Obst beladene Kamele kamen jede Woche ins Dorf und wurden im Haus des Scheichs abgeladen, ganz abgesehen von Kleidungsstücken und Bargeld.

Eines Nachts erwachten die Leute von durchdringendem Geschrei und Hilferufen und sprangen aus den Betten. Sie sahen Feuer aus dem Haus des Scheichs lodern – es brannte.

Im Sommer, wenn die Ernte eingebracht war und Brennmaterial aus Durrastroh und Baumwollzweigen auf den Dächern lagerte, waren Brände nichts besonderes. Das Dach diente nämlich den Dorfbewohnern als einzige Speichermöglichkeit. Die wiederholten Aufrufe der Regierung, Brennmaterial nicht auf den Dächern zu lagern, um Brände zu verhüten, waren zwecklos. Ein bekanntes Sprichwort sagt: Wenn du willst, daß man dir gehorcht, so befiehl das, was möglich ist. Die Leute konnten den Anordnungen der Regierung nicht nachkommen, weil es ihnen unmöglich war. Brach ein Brand aus, wachten die Hausbewohner auf und sahen Flammen in ihrem Haus wüten; die Frauen schrien nach Rettung, die Männer nach Hilfe: „Kommt, Leute, kommt!"

Das war das Alarmsignal für die Nachbarn, besonders aber für die Wasserträger; diese brachten die Schläuche herbei, die sie so schnell wie möglich mit Wasser aus den Brunnen füllten, wobei sie Winden, Seile und Eimer benutzten. Dann schleppten sie die Schläuche auf ihrem Rücken von weit her, um damit das Feuer zu bekämpfen, das schnell von Haus zu Haus sprang, denn die Häuser standen eng aneinander gebaut, ihre Dächer berührten sich, und die brennbaren Materialien lagerten dicht nebeneinander.

Entweder brachten die Träger das Wasser dadurch in die Höhe, daß sie vorn im Schlauch nur eine kleine Öffnung ließen, auf ihn drückten und das Wasser auf diese Weise mit einem gewissen Druck austreten ließen, so daß es auf eine begrenzte Höhe stieg, oder aber sie kletterten auf benachbarte Häuser und schütteten das Wasser von dort in das Feuer, soweit die örtlichen Gegebenheiten dies gestatteten. Die übrigen Männer versuchten in der Zwischenzeit, die Bewohner zu retten.

Die verwöhnten Stadtbewohner können nun fragen: Wo sind die Feuerspritzen? Feuerspritzen? Sie befinden sich in der Stadt, mein Herr, und zwischen ihr und dem Dorf liegt eine weite Entfernung!

Das ganze Dorf erwachte wie bei jedem Unglücksfall; aber dieses Mal war die Aufregung größer, da die Nachricht von Mund zu Mund ging, daß der Brand im Haus des Scheichs ausgebrochen sei. Im Haus des Scheichs? War so etwas möglich? Konnte das Haus des Scheichs in Brand geraten, während er sich darin aufhielt? Ja, das war möglich. Aber es mußte einen Grund dafür geben; sicherlich zürnte der Scheich jemandem, der im Haus wohnte. Und man kam schnell darauf, daß es sich um den jüngeren Sohn handelte, der gegen den Willen des Scheichs den Auszug des älteren Bruders veranlaßte, denn er hatte sich mit ihm geschlagen. Es gibt keine Macht und Stärke außer bei Gott dem Erhabenen!

Auf jeden Fall waren die Dorfbewohner herbeigeeilt, um mit allen ihnen zur Verfügung stehenden Mitteln den Brand zu löschen. Der Zorn des Scheichs würde sich legen und seine Erregung wieder abflauen. Zuerst mußte das Feuer gelöscht werden, denn Feuer ist etwas Entsetzliches, Furchtbares. Nach einiger Zeit stellte sich heraus, daß das Feuer einen Flügel des Hauses, nämlich den des Sohnes, vollständig zerstört hatte. Dort befand sich auch das Zimmer des wahnsinnigen Mädchens.

Als sich am nächsten Morgen alle beruhigt hatten und alles untersucht wurde, fanden sie den Sohn und seine Frau wohlauf, denn beide konnten sich retten, bevor das Feuer sie erreichte. Sie sahen in das Zimmer des Mädchens und fanden nur einen verbrannten Leichnam, der zu einem Stück Holzkohle geworden war. Sonst aber fanden sie niemanden. Es herrschte heftige Aufregung, und der Schock saß tief. Aber so war es vorherbestimmt worden!

Man kam nicht umhin, dieses Ereignis in die Kreisstadt zu melden, denn es handelte sich um eine Leiche und das Verschwinden einer weiteren Person, von der man nichts wußte. Der Bürgermeister konnte die Affäre nicht vertuschen, wie dies meistens geschah, etwa bei Diebstählen oder Streitereien, bei denen es nicht bis zum Mord kam. Auf jeden Fall mußte der Staatsanwalt und mit ihm der Kreisarzt zur Sezierung der Leiche erscheinen, um herauszufinden, wer die verbrannte Person war, das wahnsinnige Mädchen oder ihre Dienerin?

Um dies festzustellen, konnte man weder Farbe noch Statur noch Körpergröße als Anhaltspunkte nehmen. Die ersten beiden kamen nicht in Frage, weil sich der Körper in Holzkohle verwandelt hatte, und was die Körpergröße anging, so waren sie fast gleich groß gewesen. Es blieben also nur andere Merkmale. Das Mädchen war Jungfrau, nicht schwanger gewesen und hatte nicht geboren, die Dienerin dagegen hatte ein Kind, so daß die Statur des Beckens und sein Aufbau hilfreich sein konnten.

Der Gerichtsarzt stellte fest, daß das Mädchen verbrannt und die Dienerin verschwunden war. Und damit war die Untersuchung beendet. Während der Arzt seine Amtspflicht ausübte und der Ermittler das Haus des Scheichs inspizierte, bekam dieser einen seiner üblichen schlimmen Anfälle und griff dabei Arzt und Staatsanwalt mit seinem Stock an. Der Staatsanwalt hätte seine Verhaftung angeordnet, wenn der Bürgermeister nicht eingegriffen und ihm zugeflüstert hätte, daß der Scheich ein heiliger Mann sei, den das Dorf sehr verehre, und daß er einen Aufruhr der Dorfbewohner befürchte, wenn man mit Gewalt gegen ihn vorgehe. Der Ermittler begnügte sich damit, dem Scheich zu drohen, und der Arzt sagte im Spaß zu ihm:

„Wenn du mich angegriffen hättest, hätte ich deinen Körper mit diesem Skalpell seziert.“

Der Scheich ließ von seinem Angriff ab und wurde wieder ruhig.

All diese Ereignisse konnten aber niemanden zufriedenstellen. Denn erstens galt es als unmöglich, daß das Mädchen verbrannt war - denn es stand doch unter der Obhut des Scheichs - und daß sich die Dienerin gerettet hatte, wenn man noch nicht einmal wußte, wo sie war. Und zweitens galt es als unmöglich, daß der Scheich die Drohungen des Arztes ohne Erwiderung hinnahm und darauf verzichtete, ihm seine Wunderkraft zu zeigen.

Während der Arbeit hatte der Arzt zu seiner Unterstützung einen Bader angefordert. Man sagte ihm, daß es im Dorf einen Herrn Doktor gebe; da ließ er ihn rufen. Als er erfuhr, daß der Mann früher Krankenpfleger gewesen war, verzichtete er auf den Bader und nahm ihn. Daraus entstand eine Geschichte, die sich in alle Häuser verbreitete und über die heute noch gesprochen wird.

Während der Sezierung der Leiche hatten der Kreisarzt und der Herr Doktor verschiedene Meinungen. Der erste hatte entschieden, daß die Verbrannte das Mädchen und die Verschwundene die Dienerin sei. Der zweite war völlig sicher, daß die Verbrannte die Dienerin und die Veschwundene das Mädchen sei. Der Kreisarzt schrie den Herrn Doktor an, mit seinem Gerede aufzuhören, und jener schwieg betroffen, aber er hatte doch recht, mit allergrößter Sicherheit!

Dieser schamlose, spöttische, den Scheich und seine Wundertaten ignorierende Arzt nun verletzte sich während der

Sezierungsarbeit ganz leicht an einem Finger, unmittelbar, nachdem der Scheich ihn verlassen hatte. Kaum war er in Assiut, füllte sich seine Wunde mit Eiter; man operierte ihn und amputierte den Finger. Einen Tag später war bereits der Arm vereitert; man operierte ihn zum zweiten Mal und nahm ihm den Arm ab. Am dritten Tag war sein Körper voller Brand und kein Arzt konnten ihn retten; er starb. So wurde die Mißachtung des Scheichs gerächt und sein Ansehen wieder hergestellt; die Familie des Mädchens sah ihre Gefühle respektiert und ihre Hoffnung, daß die Tochter noch am Leben sei.

Was geschah dann?

Dann erhob sich der Ruhm des Herrn Doktor in ungeahnte Höhen, hatte er doch den Sieg über den großen Arzt errungen.

Und obwohl die Dienerin gefunden wurde, die voller Entsetzen vor dem Feuer geflohen war, glaubten alle Leute - und besonders die Familie des Mädchens -, daß sie das geflohene Mädchen sei, deren Gesicht vor Schrecken schwarz[4] geworden und deren Zunge gehemmt sei, so daß sie nichts erklären könne. Und wenn sie nicht nach kurzem gestorben wäre, hätte die Familie ihr das Vermögen vermacht und sie als Verwandte bei sich aufgenommen, denn der Scheich kann nicht besiegt werden und der Herr Doktor nicht irren.

Diese Mär lebt im Dorf bis heute weiter.

Kapitel 6

Die Ifrîte

Die Nacht war mondhell, sonst wären er und seine kleinen Gefährten nicht nach Sonnenuntergang aus dem Haus gegangen. Sie hätten sich nicht ruhig auf die Steinbank gesetzt und Geschichten erzählt und vor allem hätten sie es nicht gewagt, sich vor dieser alten Mühle niederzusetzen. Denn von der behaupteten alle, daß dort *Ifrîte* hausten.

Kurz nach Sonnenuntergang gleich nach dem Abendessen hatten sie sich zusammengerufen: Die ersten gingen an den Häusern vorbei und schrien ihr süßes, schönes Lied, von dem sie einzelne Teile begriffen, vom Rest aber nur die jeweiligen Reimwörter und die Melodie. Sie sangen laut:

„Wer nicht mit zum Spielen herauskommt, den sticht eine Schlange oder ein Skorpion ..., sogar der Schlangenbeschwörer beschwört sie nicht ..., der Heilende heilt nicht ..., der Mausezahn beim Parfümhändler spielt Tamburin, oh Süßigkeit!“[5]

Ein Junge nach dem anderen verließ das Haus. Er müsse dies tun, wenn er das Lied höre, sagte er seinen Eltern, sonst würden ihn Schlange und Skorpion stechen und weder die Beschwörung des Schlangenbeschwörers noch die Medizin eines Heilkundigen könnten ihn retten.

Als sie alle beisammen waren, begaben sie sich gemächlich zu der Steinbank vor der alten Mühle, während der strahlende

Mond seine Bahn zog. Das Dorf lag in vollkommener Ruhe, und sie saßen wie kleine Gespenster in der Mondnacht friedlich nebeneinander und lauschten den Gechichten, die einer von ihnen zum Besten gab, während alle anderen ganz Ohr waren.

Da sprang plötzlich eine schwarze Katze aus dem kleinen, hohen Fenster der Mühle, fiel auf den Straßenboden nahe der Steinbank und verschwand schnell. Lieber Leser, wenn du schon einmal gesehen hast, wie kleine Vögel Körner vom Boden picken und unversehens ein Raubvogel vom Himmel stürzt, oder ein Jäger, der sie fangen will, dann kannst du dir vorstellen, wie jene Jungen von diesem schrecklichen Ereignis überrascht wurden und aufsprangen!

„Ein *Ifrît*!!!"

So schrien alle, bevor sie entsetzt davonstoben, jeder von ihnen in irgendeine Richtung, ohne darauf zu achten, wohin.

Alle außer Dschuma, einem dicken, ehrlichen, gutherzigen Knaben, Halbwaise von Mutterseite. Sein Haus stand neben dem des Jungen, und er war der liebe Gefährte seiner Kindheit, obwohl Dschumas Großmutter väterlicherseits zu denen gehörte, die im Haushalt halfen. Aber das störte sie nicht weiter und tat der unschuldigen Freundschaft zwischen ihnen keinen Abbruch.

Dieser Dschuma war nicht Herr seiner Kräfte, seine Beine gehorchten ihm nicht, und er stammelte aufgeregt vor sich hin. Die Katze, durch die plötzliche Bewegung der Kinder erschreckt, begann zu miauen, und der arme Knabe glaubte, daß der *Ifrît* mit ihm spräche. Er verlor dadurch das Gleichgewicht und fiel ohnmächtig zu Boden.

Unser Junge sah zwar, daß sein lieber Freund umfiel, aber in dieser Situation konnte er ihm nicht helfen, und so lief er zunächst mit den Gefährten weg. Dann kam ihm der Freund wieder in den Sinn, und er blieb stehen, mußte er doch unbedingt wissen, was mit ihm geschehen war. Er überzeugte einige Kameraden umzukehren, was sie voller Furcht auch wirklich taten. Als sie sich der Bank näherten, hätte sie fast der Mut verlassen, aber sie stießen auf ihren Gefährten, der nur noch schwach atmete.

Sie versuchten vergeblich, ihn wieder ins Leben zurückzurufen und blieben eine lange Weile dort. Dann trugen sie ihn, sich gegenseitig stützend, zu seinem Haus, das nicht weit weg lag. Sie klopften an die Tür, die Großmutter öffnete und nahm ihren Enkel halbtot in Empfang. Sie war furchtbar erschrokken, als sie die Geschichte hörte und sicher, daß dem Knaben ein Leid zugefügt wurde.

Die arme Großmutter tat in den folgenden Tagen alles, um ihren Enkel zu heilen - jedoch vergeblich. Sie besprengte den Weg von der Steinbank, wo der *Ifrît* herabgesprungen war, bis zur Haustür, mit Wasser und Salz, sie nahm zu den Dorfheiligen Zuflucht und versuchte, ihren einzigen Enkel durch Amulette und Zaubersprüche zu retten. Sie veranstaltete eine Geisterbeschwörungssitzung, für die sie all ihre *Piaster* und *Millime* aufwendete, aber es war vergeblich. Der Knabe nahm von Tag zu Tag ab und war nach drei Monaten tot.

Weinend ging der Junge im Leichenzug des Gefährten mit. Es war das erste Begräbnis, an dem er teilnahm, und diese Geschichte prägte sich unauslöschlich in sein Gedächtnis ein. Erst drei Jahre später besuchte er wieder diese Sitzungen im Mondschein, als er zehn Jahre alt geworden war und anders über die *Ifrîte* dachte als vorher.

Die alten Dorfmühlen, die noch ohne Eigenantrieb arbeiteten, wurden von Tieren bewegt und mahlten während eines langen Tages einen *Irdabb* Hirse oder einen halben *Irdabb* Weizen. Vor der Geburt des Jungen waren diese Mühlen im Dorf verbreitet, und die Bauern ließen dort ihr Getreide mahlen. Meistens setzte man Rinder ein, manchmal auch Kamele und Esel. Die Bewegung war langsam, das Geräusch unangenehm und die Arbeit für Mensch und Tier mühevoll und beschwerlich.

Als kurz vor seiner Zeit im Dorf zwei mit Dampf betriebene Mühlen ihre Arbeit aufnahmen, wurden die meisten alten stillgelegt. Einige Dorfbewohner allerdings sahen in diesen neuen Maschinen Teufelszeug für das Mehl und wenig Segen darin, und es fiel ihnen schwer, die Lebensgewohnheiten zu ändern. Einige dieser traditionellen Mühlen drehten sich weiter, und dazu gehörte auch diese von einem *Ifrît* bewohnte. Die nutzlos gewordenen Gebäude wurden nicht abgerissen, sondern verfielen allmählich und wirkten beängstigend, besonders wenn in den wenigen mondlosen Nächten schwarze Dunkelheit herrschte.

Die Dorfbewohner glaubten fest daran, daß diese Mühle bewohnt sei und zwar von einem der schlimmsten Dorf-*Ifrîte*, die sich gewöhnlich in verlassenen Häusern, dunklen Winkeln, abgelegenen Vierteln und mit Vorliebe in den Toiletten aufhielten. Alles im Dorf sprach dafür, daß es *Ifrîte* gab: Die Dorfstraßen wurden in der Finsternis pechschwarz, und wer dort ging, sah nicht, wohin er seine Füße setzte und war nicht sicher, ob er nicht bei jedem Schritt auf etwas Unbekanntes trete und er wußte nicht, ob ihn Freund oder Feind hinter jeder Biegung der sich in Schlangenlinien windenden Gassen erwartete, denn er mußte auf alles gefaßt sein. Die einfache dörfliche Vorstellungskraft sah bei Dunkelheit hinter allem und jedem böse Geister.

Alle Dorfbewohner glaubten an Heilige und deren Wundertaten, durch die *Ifrîte* gefesselt oder verbrannt werden konnten, und seit alters her vermischten sich Heiligenlegenden mit schrecklichem *Ifrît*-Aberglauben.

Auch an *Ifrîte* glaubten alle, und sie waren Tag und Nacht in der Vorstellungswelt der Dörfler gegenwärtig.

Wenn ein Kind auf die Erde fiel, eilte die Mutter oder wer immer zugegen war herbei, um für das Kind den Namen Gottes anzurufen und dann zu sagen:

„Du bist auf deine Schwester, die besser ist als du, gefallen“, wenn es sich um einen Jungen handelte, oder:

„Du bist auf deinen Bruder, der besser ist als du, gefallen“, wenn es sich um ein Mädchen handelte.

Das geschah, um den kleinen *Ifrîten*, auf die der Junge oder das Mädchen gefallen war, zu schmeicheln und sich ihnen gefällig zu zeigen. Denn alle glaubten, daß zu jeder Frau eine *Qarîna* aus der Welt der *Dschinnen* gehörte. Und jedesmal, wenn die Menschenfrau einen Jungen geboren hatte, brachte die *Dschinnin* ein Mädchen zur Welt und umgekehrt. Und wenn ein Kind stürzte, fiel es auf sein Ebenbild; dann mußte man dieses und seine Mutter auf alle Fälle versöhnlich stimmen, indem man die oben erwähnte Formel aussprach, um Schaden abzuwenden. Dazu hatte man Gott anzurufen, wenn es sich um Muslime handelte, oder den Namen der Reinen Jungfrau und des Erhabenen Kreuzes, wenn es sich um Christen handelte. Danach hatte man den Ort schleunigst mit Wasser und Salz zu bestreuen, weil man glaubte, daß dadurch Übel zwischen den Menschensöhnen und unseren Brüdern, die man nicht näher bezeichnete, vermieden wurde.

Und obwohl es nach dem Volksglauben nahelag, daß zu jedem Menschensohn eine im Geschlecht entgegengesetzte

Dämonin gehöre, so stimmte dies hier nicht, denn jede Frau hatte ja eine *Qarîna*, deren Kind das entgegengesetzte Geschlecht besaß.

Manchmal war das männliche Menschenkind schön; dann war die *Qarîna* eifersüchtig, weil sie nur ein Mädchen hatte; ihre Eifersucht auf die Schönheit des menschlichen Jungen wuchs, bis sie den Jungen in der siebenten Nacht erwürgte. Und tatsächlich hat sie den leiblichen Bruder des Jungen in der Nacht der *Subû*ᶜ erwürgt.

Die Mutter hoffte darauf, ihm einen Bruder als Gefährten zu schenken. Er hörte von diesem Verlangen und machte es sich zu eigen, auch wenn er sich dies nicht so richtig vorstellen konnte. Dann erhörte Gott das Gebet der Mutter und ihrer Freundinnen und ließ die Prophezeiung des Scheich Bakr Wirklichkeit werden, hatte eine ihrer Freundinnen ihn doch besucht, um Auskunft über die Leibesfrucht der Mutter zu bekommen. Er überreichte ihr einen Zuckerrohrstab, um damit anzuzeigen, daß sie einen Jungen zur Welt bringen werde.

Sie bekam einen schönen Sohn, was das Glück der ganzen Familie vermehrte und viele ihrer Feinde traurig stimmte, die ihnen nichts Gutes und keinen Nachwuchs gönnten. Und während sich die Familie auf das Fest der *Subû*ᶜ und den *Maulid* vorbereitete, an dem Musikanten Lieder singen, Rezitatoren den Koran vortragen, Süßigkeiten der *Subû*ᶜ an die Großfamilie und Nachbarn sowie Mahlzeiten an die Armen verteilt werden, - während all dies in die Wege geleitet wurde, zeigten sich ab dem sechsten Tag bei dem neugeborenen Bruder seltsame Krankheitssymptome, die sich zu Krämpfen entwickelten, an denen das Kind schließlich erstickte. Es schäumte und schüttelte sich, sein Gesicht lief dunkel an, und es schien an einem unerträglichen Schmerz zu leiden. Dann ging der Anfall vorüber, es beruhigte sich und erfreute die anderen, bis alles von neuem begann.

Ohne Zweifel war dies die *Qarîna*. Die Schönheit des Bruders und sein Gedeihen erzürnten sie, der Neid, der die Familie umgab, erregte sie, und sie begann, das Kind zu würgen. Die Augen aller richteten sich nun auf die Heiligen Gottes. Und obwohl der Vater weder an die meisten Heiligen noch an die *Qarîna* glaubte, so wurde er wie alle Menschen gegenüber einer Gefahr und ganz besonders gegenüber der Lebensgefahr schwach. Er wollte das Leben des Sohnes retten und vor der Mutter nicht für dessen Tod verantwortlich sein.

Dies und die im Unterbewußtsein noch vorhandenen Reste des Aberglaubens ließen ihn zustimmen, daß man Hailige besuchte. Die Mutter litt an Geburtsschmerzen, die sich durch die Gefahr für das Neugeborene noch verdoppelten, und deswegen brachte ihn die Tante zu den lebenden und toten Heiligen. Vielleicht könnten sie das von der wütenden *Qarîna* bedrohte Leben retten, die ihn immer wieder würgte, bis er dem Tode nahe war, und dann wieder losließ, weil ihn Amulette und Geisterbeschwörungen schützten. Dann wurde das Kind ruhig und erfreute die anderen.

Schließlich geschah etwas, das die Hoffnung auf Heilung aussichtslos machte und fast auch das Leben der Tante ausgelöscht hätte.

Der Mond schien hell, und von ihrem Haus zu dem ihrer Schwester, der Mutter des Neugeborenen, war es nicht weit. Auf dem Weg zu einem Dorfheiligen kam ihr in den Sinn, ihre Tante als Begleiterin mitzunehmen, die eine gesegnete Frau und eine Verwandte von gerade diesem Heiligen war. Ihr Haus lag in einem ganz verwinkelten Ortsteil, in dessen Mitte sich ein Brunnen mit einem Wasserbecken befand, aus dem die

Tiere tranken. Neben dem Brunnen stand auf einem Hausgrundstück eine Dattelpalme. Und da in jener Nacht alles einen seitlichen Schatten warf, fiel auch der Schatten der Palme, die sich in der Luft wiegte, auf die mondbeschienene Erde, bewegte sich dort und wurde länger oder kürzer, je nachdem, wie sich die Palme neigte. Darüber erschrak die Tante heftig, trug sie doch einen Knaben auf den Schultern, den eine *Qarîna* aus dem *Dschinnengeschlecht* verfolgte und totwürgen wollte.

Die Tante war spät in der Nacht allein und glaubte, daß hier ein furchtbares Gespenst am Werke sei, das länger und kürzer wurde und nach rechts und links schwankte. Die Schatten der Palmzweige hielt sie für schreckliche Peitschen in der Hand des Gespenstes, die sie bald treffen würden.

Das genügte, sie aus der Fassung zu bringen; mit letzter Kraft lief sie zur Haustür und schlug mit aller Macht dagegen, bis die Schlafenden aufwachten. Dann fiel sie halbtot auf die Hausschwelle, in ihren Händen das Neugeborene. Sie erholte sich zwar schnell und konnte mit ihrer Tante und einem anderen Familienmitglied zum Heiligen gehen – wegen des kranken Kindes und auch ihretwegen –, aber der Heilige weigerte sich, sie zu empfangen. Damit war die Aktion gescheitert, und der göttliche Ratschluß wurde vollzogen.

Am siebenten Tag tat der Knabe bei einem seiner akuten Anfälle den letzten Atemzug. Er war an Tetanus gestorben, denn die Hebamme hatte das durch Tetanusbazillen verunreinigte Messer, mit dem die Nabelschnur durchgetrennt wurde, nicht desinfiziert. Die Mikroben konnten sich in der vergifteten Wunde bis zum Ende der vier- bis sechstägigen Inkubationszeit vermehren. So rächte sich die *Qarîna* an dem schönen Neugeborenen.

Seit diesem Tag trug der Junge ein seltenes Amulett, das eine maghrebinische Zigeunerin mitgebracht hatte. Es zeigte ein Bild vom Vertrag unseres Herrn Salomo gegen den Teufel und dessen Söhne und gegen die *Qarîna* und deren Töchter und sollte den Träger vor Schaden bewahren. Der Junge trug es ständig, bis er wegen seiner Schulbildung nicht mehr an *Ifrîte* glaubte. Da legte er das Amulett ab. Als Gott jedoch die Bitte nach einem neuen Bruder erhörte, wurde es diesem vom ersten Tag an umgehängt; deswegen konnte ihm die *Qarîna* nichts Böses antun. Er blieb am Leben und absolvierte die Universität. Ich weiß nicht, was er heute über das Amulett denkt, das sein Leben gerettet hat, denn ich kann es nicht mehr bei ihm finden.

Jetzt soll berichtet werden, wie der Junge zu einer anderen Ansicht über die *Ifrîte* kam als die übrigen Dorfbewohner.

Er hatte bis dahin schon Dutzende von Geschichten über *Ifrîte* gehört. In jener Mühle war ein *Ifrît* in der Gestalt einer schwarzen Katze, und der, den sie berührte, konnte sich unmöglich retten. Das Unglück, das seinem Freund Dschuma geschah, lieferte den Beweis dafür.

In einer anderen hauste ein *Ifrît*, der diese Mühle in der Nacht drehte, wenn niemand darinnen war. Der Vorübergehende hörte das Knarren des Mühlsteins und das Knallen der Peitsche, mit der der Treiber den Rücken des Ochsen zum Brennen brachte sowie die Rufe: „Hah, Hah“. An einem anderen Ort erschien die *Muzayara*, eine *Ifrîtin* in der Gestalt einer großen Frau, die eine *Tazyira* trug, ein besonderes schwarzes Kleid, darüber einen gefärbten, gestärkten Überwurf, der bei jeder Bewegung raschelte. In ihrer Hand hielt sie eine Fackel, die jeden verbrannte, den die *Ifrîtin* ansah.

Beim aufgelassenen Brunnen in der Dorfmitte erschien eine Frau mit aufgelösten Haaren, einen Besen in der Hand, mit dem sie einen Kreis rund um den Brunnen fegte, und wehe dem, der sich ihr nach dem Abendgebet näherte.

In der dunklen Kurve einer Dorfstraße wurde eine Frau gesehen, die sich hockend weiterbewegte, als ob sie auf offener Straße etwas suche. Ebenso besaß der Nil seine *Ifrîtinnen.* Wenn der Fluß das Land ganz überschwemmte, war er voll von *Ifrîtinnen*, die sich jungen Männern zeigten, vor allem, wenn sie im tiefen Wasser schwammen. Dann rissen sie die jungen Männer an sich und verschwanden mit ihnen in der Flut.

Alle kannten den *Ifrît*, der sich auf den Feldwegen in der Gestalt eines fetten Hammels zeigte, der ohne Hirten und Besitzer zu sein schien, und den jeder für sich haben wollte. Wenn ihn jemand zu seinem Haus führte, sagte der Hammel kurz davor:

„Bring mich dahin zurück, von wo du mich genommen hast."

Er konnte auch anschwellen, bevor er obige Worte sagte, oder er verwandelte sich in einen kleinen Jungen. Dann wußte der arme Mann, daß er vor einem *Ifrît* stand. Hier gab es nun zwei Möglichkeiten zu entrinnen:

Entweder gab ihm Gott ein, etwas aus dem Koran zu zitieren, die 112. Sure etwa oder den *Thronvers*, und dann verbrannte der *Ifrît.* Oder er kannte den erhabensten Namen Gottes – den nur wenige Auserwählte kennen und niemandem mitteilen außer mit besonderer Erlaubnis – und sprach ihn aus. Dann fesselte er den *Ifrît*, nagelte ihn in der Erde an seinem Platz fest, machte ihn gehorsam und unterwürfig und ließ ihn den kommenden Tag fürchten. Der *Ifrît* begann den Träger des erhabensten Namens anzuflehen, bis er sich erbarmte und ihm die Freiheit schenkte. Wenn weder das eine noch das andere stattfand, dann dreimal wehe über den Armen, der den Hammel weggeführt hatte.

Ähnlich verhielt es sich mit dem gesattelten und gezügelten Esel, den man auf einem Feldweg fand, einem schönen Tier, das zum Reiten verlockte. Nur wer auf die teuflische List hereinfiel, bestieg ihn. Danach folgte das gleiche wie bei dem Hammel. Der Esel konnte aber auch mit seinem Reiter, der um Hilfe rief, in die Höhe steigen. Dann warf das Tier ihn mit Macht auf die Erde, es sei denn, er kannte den erhabensten Namen Gottes. Wenn er aber den Koran nicht kannte oder ihn in dieser Situation nicht rezitierte, stürzte er zerschmettert in den Abgrund.

Überall gab es *Ifrîte*, und alles, was nachts auf der Erde kreuchte, war ein verkleideter *Ifrît*, der den furchtsamen Vorübergehenden auflauerte, wohin sie auch gingen. Ja, einige *Ifrîte* waren so kühn, sich am Tag in der Gestalt von schwarzen Katzen zu zeigen. Deswegen durften schwarze Katzen bei Tage nicht geschlagen werden, und die anderen nicht bei Nacht, denn, so glaubte man, nachts sei jede Katze ein *Ifrît* oder der Geist von Leuten, deren Seelen umherstreifen.

Der Glaube an das Umherstreifen der Seelen war genauso verbreitet wie die *Ifrît*-Geschichten.

Die Seelen von Kindern – besonders von Zwillingen – streiften umher, wenn sie schliefen, das heißt sie verließen den Körper und zeigten sich fast immer in der Gestalt einer Katze. Wurde das Tier aus irgendeinem Grund eingesperrt, schlief das Kind, dessen Seele in der Katze weilte, weiter und wachte nicht auf. Wurde die Katze geschlagen, erkrankte das Kind und spürte Schmerzen an dem Körperteil, wo man die Katze geschlagen hatte; starb das Tier, so starb auch das Kind.

Deswegen durfte man Katzen nachts nicht schlagen, möglichst auch am Tage nicht. Und ebenso, wie sich die Seele in einer Katze niederlassen konnte, war dies auch in einer grünen

Fliege möglich, die so aussah wie eine kleine Biene. Die Leute glaubten, daß in ihr die Seele eines Verstorbenen wohne, die besonders um die Familie und die Freunde kreise und in ihnen sehnsüchtige Zuneigung hervorrufe. Natürlich durfte man sie nicht berühren oder aus dem Haus jagen.[6]

Manche *Ifrîte* waren sogar so dreist, in Moscheen einzudringen. Aber sie betraten trotz ihres Mutes nicht den Gebetsplatz, sondern hielten sich in den Toiletten auf. Der liebe Scheich Ali – er trug als Ordensmitglied Vollbart und Turban – wachte eines Nachts von einem verfrühten Hahnenschrei aus dem Schlaf auf. Im Glauben, die Zeit des Frühgebets sei bereits gekommen, ging er in die Moschee, während es in Wirklichkeit erst kurz nach Mitternacht war. Er wollte die rituelle Waschung vollziehen und öffnete den Wasserhahn. Da strömte kein Wasser auf die Hand, sondern zartes Fleisch, das die Form eines ebenmäßigen Kindes annahm.

Da der Mann den erhabensten Gottesnamen trug, fühlte er sich mit sich selbst in Frieden und vor dem *Ifrît* sicher. Er blieb bei diesem unangenehmen Spaß gelassen und sagte zum *Ifrît*:

„Geh weg, möge Gott es dir leicht machen!"

Er wandte sich zum zweiten Wasserhahn und dritten und vierten, und es geschah immer dasselbe. Dann rezitierte er den erhabensten Namen Gottes, worauf der *Ifrît* laut aufschrie:

„Ich bin ein kleines Kind, laß mich los, lieber Onkel!"

Den Scheich ergriff Mitleid, er lächelte dem *Ifrît*-Kind zu und ließ es um Gottes Willen los.

Viele Kinder wurden vertauscht und zwar besonders dann, wenn sie sich an einem gefürchteten Ort wie den Toiletten befanden. Dort erschienen *Ifrîte*, entführten das Menschenkind und setzten ein *Dschinnenkind* an seine Stelle. Man konnte das Kind erst nach langen Prozeduren zurückerhalten, dann zum Beispiel, wenn man es in den Nil tauchte und sagte:

„Nehmt euer Kind und bringt unser Kind!“

Danach wurde ausgetauscht.

Es gab einen ganzen Monat, in welchem die Leute vor den *Ifrîten* Ruhe fanden und nicht bei allem mit dem Schlimmsten rechnen mußten. Erwachsene und Kinder spazierten sicher umher, besuchten sich bis spät in die Nacht und gingen auf den Straßen und Feldern spazieren. Mitten in der Nacht erhoben sich die Frauen zu ihrer Notdurft oder auch zum Kneten des Brotteiges, damit das Brot bis zur Morgendämmerung fertig wurde - das war der Monat *Ramadan*, in dem alle *Ifrîte* gefesselt waren, die kleinen und die großen. Sie ließen sich bei den Menschenkindern nicht blicken und dies seit dem Vertrag Salomos - auf ihm sei Heil!

Viele solche Überlieferungen hatte er in jungen Jahren kennengelernt. Wie kam es nun, daß er seine Meinung über die *Ifrîte* änderte?

Ein junger Schulleiter war an die Schule versetzt worden, der sich intensiv um die ethische und geistige Erziehung der Schüler bemühte und nicht wie seine Vorgänger nur trockene Schulwissenschaft unterrichtete. Als er von diesen *Ifrît*-Geschichten hörte, die in der Gefühlswelt der Schüler einen festverwurzelten Platz einnahmen, versuchte er alles in seiner Macht Stehende, ihre Herzen davon zu reinigen. Er sagte: Jede *Ifrît*-Geschichte ist Aberglaube, der auf Unwissenheit beruht, und alle Begegnungen mit *Ifrîten* sind aus bestimmten Absichten erzählte lügnerische Hirngespinste. Katzen, Hunde und andere Tiere sind keine *Ifrîte*, sondern gewöhnliche Lebewesen, aber die Leute sehen vor lauter Angst in der Dunkelheit überall Gespenster. Darüber sprach er während vieler Schulstunden, bis einige Schüler fast davon überzeugt waren.

Unser Junge vertraute diesem Schulleiter und war von ihm beeindruckt. Aber diese *Ifrîte*! Sie hatten sich tiefer in sein Bewußtsein eingeprägt, als daß all diese Argumente sie hätten auslöschen können, auch wenn die Grundpfeiler dieses Glaubens in ihm stark erschüttert waren. Ein realer Vorfall oder vielmehr mehrere genügten darum, den *Ifrîten* in seinen Empfindungen den Platz zu rauben und an ihrer Stelle eine neue Überzeugung entstehen zu lassen. Ursache dafür war der neue Lehrer!

Ein Schüler wies den Schulleiter darauf hin, daß es in einem engen Durchgang nach Mitternacht *Ifrîte* in der Gestalt von Kaninchen gebe. Die *Ifrîte* in dem engen Durchgang waren vielleicht noch bekannter als der in der Dorfmühle. Die Passage war dadurch entstanden, daß der Besitzer eines Hauses, das in der Dorfmitte zwischen zwei Straßen stand, zu Gunsten der Allgemeinheit auf einen Teil seiner Rechte verzichtete und die gegenüberliegenden Hauswände öffnen ließ. Dadurch gab es eine Verbindung zwischen beiden Straßen, und den Fußgängern blieben große Umwege erspart. Die Hausmauern wurden durchbrochen, aber das Dach und die auch tagsüber dunklen Innenhöfe blieben erhalten. Manche Männer hatten Angst, diesen Durchgang am Tag allein zu durchqueren, nicht zu reden von den Kindern. In der Nacht dagegen war es ein Beweis für den größten Mut, ihn ohne Begleitung zu benutzen, und nur selten nahm einer dieses schreckliche Abenteuer auf sich.

Als man dem Lehrer von diesen *Ifrîten* erzählte, ergriff er die Gelegenheit und forderte einige Schüler auf, ihn nachts zu einer bestimmten Uhrzeit zu begleiten, diese Kaninchen in Augenschein zu nehmen, eines von ihnen zu ergreifen und zu untersuchen.

Hier schwankten nun die Schüler zwischen Furcht und Neugier, aber die Anwesenheit des Lehrers, dem sie alles zutrauten, machte ihnen Mut. Außerdem konnten sie Koranverse auswendig, die vor solchen Gefahren schützen. Ihre Neugier siegte, und sechs von ihnen, und natürlich war unser Junge dabei, erklärten sich bereit, das gefährliche Spiel zu wagen.

Schon vor dem vereinbarten Zeitpunkt versammelten sie sich in der Schule, um von dort den ersten Angriff seiner Art im Dorf zu beginnen. Als es soweit war, und nur noch die Feldhüter in den Straßen umhergingen, begann die seltsame Attacke auf den engen Durchgang, das gefürchtete Versteck der *Ifrîte*.

In der Nähe der Passage versagten ihre Knie, ihre Herzen erschauerten und jeder von ihnen suchte nach dem *Thronvers* und der 112. Sure, durch die er gefestigt und gestärkt wurde. Der Lehrer beruhigte sie, aber es gelang ihm nicht ganz. Dann griffen sie den verrufenen Ort unter der Führung des Schulleiters an; das Experiment wäre jedoch beinahe gescheitert und hätte geradewegs das Gegenteil des Beabsichtigten bewirkt.

Viele Augen empfingen die Schüler, rote und blaue, die im Dunkeln glühten, ohne Zweifel *Ifrît*-Augen, die Funken sprühten, wie sie es von vielen Leuten gehört hatten. Das waren die Kaninchen-*Ifrîte*, die hüpften und sprangen, hin- und herliefen, zwischen ihren Beinen hindurchschlüpften und rechts und links von ihnen auftauchten.

Die Ordnung kam durcheinander, sie verloren ihren festen Willen und ihre Fassung und vergaßen die schützenden Koranverse. Die größte Gefahr für den, der einem *Ifrît* gegenübertritt, besteht darin, im Durcheinander des Kampfs die einzige Waffe zu verlieren. Das Ganze dauerte nicht mehr als einen Augenblick, da hörten sie die Stimme des Schulleiters:

„Das sind Kaninchen, ganz normale Kaninchen, habt keine Angst, das sind Kaninchen der Bewohner der umliegenden Häuser. Fangt eins von ihnen, damit wir es untersuchen! Fangt eins, habt keine Angst! Bildet einen Kreis, damit wir eins ergreifen!"

Das erschütterte Vertrauen kehrte teilweise in ihre Herzen zurück. Dem Schulleiter gelang es, ein Kaninchen zu fangen. Er verkündete, daß der Angriff siegreich beendet sei, und daß sie jetzt sicher und erfolgreich in ihre Stützpunkte zurückkehren würden. Vergeblich versuchte er, einen Schüler zu ermutigen, das Tier einen Augenblick festzuhalten. Wer von ihnen wäre so verrückt, einen *Ifrît* anzufassen? So kehrten sie in die Schule zurück; bei jedem Schritt erwarteten sie, daß der *Ifrît* etwas sagte und sie aufforderte, ihn an seinen Platz zurückzubringen, sonst wehe ihnen allen. Oder daß er sich in den Händen des Schulleiters in eine Katze oder einen Hund oder in Luft verwandelte, die aus seinen Händen, ohne daß er es merkte, entwiche. Aber der *Ifrît* änderte die Kaninchengestalt nicht und sprach auch kein Wort.

Nun waren sie zur Schule zurückgekehrt, und ihre Herzen wurden langsam ruhiger. Wer weiß, vielleicht hatte der Lehrer ja recht.

Recht oder nicht recht, aber sie würden auf keinen Fall zustimmen, daß das Kaninchen bei einem von ihnen bis zum Morgen bliebe, wie der Schulleiter vorgeschlagen hatte, denn wer weiß, vielleicht verhielt sich der *Ifrît* nur ruhig, weil sie so viele waren, und würde seine wahre Natur zeigen, sobald er mit einem von ihnen allein wäre?

Die allgemeine Meinung ging nun dahin, den *Ifrît* in der Schule zu lassen; sie selbst wollten am Morgen zurückkommen, um ihn zu sehen. Wenn sie ihn als Kaninchen fänden, so sei es ein Kaninchen, Sohn eines Kaninchens, wenn sie ihn aber nicht fänden, oder an seiner Stelle ein anderes Tier, so sei es ein *Ifrît*, Sohn eines *Ifrît*.

Das Experiment gelang. Es wurde Morgen, und es war wirklich ein gewöhnliches Kaninchen. Der Schulleiter schickte den Schuldiener los, um die Besitzer der umliegenden Häuser des engen Durchgangs zu fragen, ob einem ein Kaninchen fehle. Er kehrte mit dem Sohn eines Bewohners zurück, der das fehlende Kaninchen zurücknahm. Es war unter der Tür hindurchgeschlüpft und hatte sich in den engen Durchgang begeben, wie es dies jede Nacht mit seinen Geschwistern, den Kaninchen-*Ifrîten*, tat.

Das Experiment besaß ohne Zweifel seinen Wert, es reichte jedoch noch nicht aus, denn diesem mußte auf jeden Fall mindestens ein weiteres folgen, um den Aberglauben ins Wanken zu bringen.

Man berichtete dem Schulleiter von einer Frau mit aufgelösten Haaren, die in manchen Nächten beim aufgelassenen Brunnen in der Dorfmitte erscheine, im Sitzen die Erde fege und sich in kreisförmigen Bewegungen um den Brunnen bewege. Er kam mit einigen Schülern überein, auch diese *Ifrîtin* zu fangen.

Was für ein Mut!

Aber andererseits, warum sollten sie es nicht versuchen, waren sie doch vom ersten Experiment gesund zurückgekehrt?

Nacht für Nacht streiften sie, wenn alle anderen dort nicht mehr vorübergingen, um diesen Brunnen, aber sie konnten die bewußte *Dschinnin* nicht überwältigen. Sie wiederholten das Experiment jedoch solange, bis sie eines Nachts Erfolg hatten. Aber wer sollte dieses Mal der Gefahr gegenübertreten, denn jedes Mal bleibt der Wasserkrug nicht heil!

Es war ihr mutiger Lehrer, aber auch der zögerte und zog es vor, sich nur bis auf eine gewisse Entfernung zu nähern. Als er jedoch merkte, daß er durch sein Zurückweichen und seine Aufregung all das zerstörte, was er in den Schülern aufgebaut hatte, faßte er sich ein Herz und trat näher, wobei er sich den Weg durch ein Streichholz erhellte.

Und wen fand er vor?

Es war eine alte Frau, die ihm sagte:

„He du da, junger Mann, laß mich die Straße für den Pascha-Direktor fegen!"

Welcher Pascha? Und welcher Direktor? Steckte dahinter vielleicht doch mehr? Aber sie sahen bald, daß ihre Haustür offen stand, und sie begriffen alles: Es war eine schwachsinnige, im Dorf bekannte Alte. Sie erinnerte sich noch an den Besuch des Pascha-Direktors im Dorf vor vielen Jahren, und in ihrer Vorstellungswelt geisterte noch herum, daß sie die Straße für den hohen Besuch reinigen mußte. Dieses ungewöhnliche Ereignis, das das Dorf zu seiner Zeit stark erregte, blieb in ihrem Gedächtnis haften, war doch jeder Hauseigentümer verpflichtet worden, vor seinem Haus zu fegen und zu sprengen.

Die Kaninchen des engen Durchgangs, die Frau am aufgelassenen Brunnen und das, was der geliebte Lehrer ihnen gesagt hatte, zeigten ihre Wirkung auf den Jungen, der schon zehn Jahre alt geworden und fast am Ende der Schulzeit war. Die *Ifrît*-Legenden verblaßten allmählich bei ihm, und er war nun in der Lage, selbst Experimente durchzuführen. Und dies war ein gewaltiger Fortschritt.

Er streifte ständig mit einer Schachtel Streichhölzer in der Tasche umher, obwohl er Nichtraucher war, aber die Geschichte mit der Frau am Brunnen hatte gezeigt, daß die Streichhölzer eine Rettung sein konnten. Diese lobenswerte

Gewohnheit behielt er bei und trug diese Waffe ständig mit sich. Er hatte nämlich die Leute sagen hören, daß die *Ifrîte* das Licht fürchteten und demjenigen nicht widerstehen könnten, der ihnen gegenüber standhaft bliebe, und dessen Herz nicht bebte, wenn er sie traf.

Nach dem Abendgebet durchstreifte er die Dorfstraßen, denn er hatte begonnen, so wie die übrigen Männer in der Moschee zu beten. Seit seinem zehnten Lebensjahr war er, wie er meinte, ein verantwortungsbewußter Mann geworden, für den es sich nicht ziemte, das Moscheegebet mit den Männern zu unterlassen! Er verbrachte die Nächte draußen und kam manchmal erst um zehn Uhr nach Haus zurück. War er etwa kein Mann? Warum sollte er die Nächte nicht außerhalb verbringen, wie dies die Männer taten?

Dadurch mußte er notgedrungen bei Dunkelheit nach Haus zurückkehren und an von *Ifrîten* bewohnten Orten vorübergehen; an jedem Weg lagen mindestens ein oder zwei davon. Sobald er sich einem solchen Ort näherte, wurden seine Knie weich, seine Herzschläge beschleunigten sich, und er konnte kaum vorbeigehen aus Angst, der *Ifrît* könne ihn nicht durchlassen oder ihm Schritt für Schritt folgen. Damals bestand seine bevorzugte Methode darin, ganz nah heranzugehen, ein Streicholz anzuzünden und alle Ecken und Winkel des Ortes zu durchsuchen. Ja, er drückte sogar sein Auge auf das Schlüsselloch der Mühlentür oder ähnlicher Türen, um ganz sicher zu sein, und wenn er sich überzeugt hatte, daß nichts darin war, zog er halbwegs beruhigt seines Weges, bis er sich dem nächsten Ort näherte und so fort.

Was er damals tat, war schon seltsam, denn er versuchte, nicht an die *Ifrîte* zu glauben. Er bewies Mut, ging im Dunkeln umher und an Orten vorbei, die bei allen außer ihm verrufen waren. Gleichzeitig aber fürchtete er sich, denn er blieb stehen, um sie zu durchsuchen, wobei er sich selbst vormachte, daß er von diesem verfluchten Volksglauben frei sei. Die Leute merkten, daß er an diesen gefahrvollen Orten vorüberging. Einige bemitleideten ihn und andere bewunderten ihn. Diese Bewunderung förderte seine Lust am Experimentieren, und von jenen Tagen an begegnete er keinem der vielen Dorf-*Ifrîte* mehr, die sich den Vorübergehenden überall in den Weg stellten.

Ich sage: Er begegnete keinem *Ifrît*. In Wahrheit aber hätte er in einer Nacht fast all sein Vertrauen verloren, das durch die Erfahrungen im Laufe der Zeit entstanden war.

Er war schon elf und mit anderen Familienmitgliedern zur Hochzeit seiner Base eingeladen. Sie sollten bis gegen Mitternacht dort bleiben und dann heimkehren. Seine Mutter merkte auf einmal, daß sie etwas zu Hause vergessen hatte und wollte, daß man es ihr hole; in männlicher Kühnheit war er bereit, diesen Auftrag auszuführen.

Sie traute ihm den Weg ohne Begleitung jedoch nicht zu; diese Angst tat seinem Stolz weh, so daß er darauf bestand, allein zu gehen. Nun gab es vom Haus seiner Tante zu ihrem Haus zwei Wege. Der eine war lang und führte durch einige Dorfteile; der andere war kurz, führte aber durch den engen Durchgang. Die Mutter warnte ihn, diesen kurzen Weg zu nehmen. Die Warnung genügte, sich zu dieser späten Stunde auf den kurzen Weg zu machen - und spät bedeutete nach der Rückkehr der Beter vom Abendgebet. Beim Betreten des Durchgangs empfand er Furcht, aber trotzdem ging er hinein, und dann passierte etwas, das die hinter einem künstlichen Mut vorhandene Furcht sichtbar werden ließ.

In einer Ecke lag ein Haufen Ziegelsteine. Als er sich ihm näherte, bemerkte er darin Bewegung und hörte Geräusche, als ob Gußformen zusammenstießen. Als er genauer hinsah, erblickte er ein helles Glimmen, das aus den großen Öffnungen des Haufens hervorblinkte. Er zog sacht seine Waffe hervor und zündete ein Streichholz an. Darauf wurde alles still, und das Glimmen verschwand. Das Streichholz erlosch, und sofort begann alles von neuem. Fast hätte er seine Haltung verloren, während er die Aktion mehrere Male wiederholte und jedes Mal mit dem gleichen Ergebnis. Seine Füße blieben wie angewurzelt stehen; er fand keinen Mut mehr, einen Schritt zu tun und den Ort der Gefahr zu verlassen. Die Zeit zog sich hin und bei jedem Streichholz, das er anzündete, wurde ihm fieberheiß. Er konnte weder vor noch zurück und mußte unaufhörlich Streichhölzer anzünden, bis sie fast verbraucht waren.

Gottes Fürsorge erreichte ihn, denn da ging ein Mann vorbei, den der Wechsel von Licht und Dunkel erschreckt hatte. Der Mann kam vorsichtig näher, bis er beim Aufleuchten des Streichholzes ein menschliches Gesicht erblickte. Er schrie erschrocken auf:

„Bist du Mensch oder *Dschinn*?"

Der Junge kam wieder zu sich und sagte:

„Ich bin *Fulân*, Sohn des *Fulân*!"

Der Mann trat voller Verblüffung näher. Dann zündete der Junge sein letztes Streichholz an, und der Mann fragte in offensichtlichem Mitleid:

„Was machst du denn hier noch so spät, mein Söhnchen? Gott möge dich schützen!"

Ihm kam sein künstlicher Mut zurück, und er antwortete:

„Ich fürchte mich nicht, denn ich glaube nicht an die *Ifrît*-Geschichten. Ich stehe nämlich hier und untersuche die *Ifrîte*, die hier sein sollen!"

Später erfuhr er, daß Mäuse, deren Augen in der Dunkelheit leuchteten, im Ziegelhaufen lebten. Sie wurden aber still und das Leuchten verschwand, sobald das Streichholz brannte!

Die Zeit verging, und er verließ das Dorf endgültig. Er verbrachte sein Leben in der Stadt, seine Bildung wurde umfassender, und die *Ifrît*-Geschichten wurden ihm Anlaß zu Scherzen und Späßen. Aber wenn du heute seine Träume und Traumgesichte befragtest, so verkündeten sie dir, daß die *Ifrît*-Legenden tiefer in seinem Innern leben als die Kultur, und daß die *Ifrîte*, die seinen Geist in der Kindheit und Jugend mitformten, ihn während seines ganzen Lebens begleiten werden.

Kapitel 7

Ein Kulturereignis

Mehrere Male im Jahr suchte für drei oder vier Tage ein Wanderbuchverkäufer das Dorf auf. Seine Leser schätzten ihn sehr, und er blieb auch in der Zwischenzeit im Gespräch, bis er wiederkam. Das war Onkel Salih mit seinem großen Sack voller Bücher; er saß mit gekreuzten Beinen inmitten des kleinen Dorfmarkts auf dem Sack, nachdem er ihn geleert und die Bücher dicht nebeneinander in Reihen aufgestellt hatte, von denen jede zwanzig bis dreißig Bände umfaßte, je nach Wert oder Themen.

Hüte dich, lieber Leser, deine Lippen zu einem Lächeln zu verziehen, wenn ich dir jetzt diese Bibliothek beschreibe, die eng gedrängt auf der Erde lag. Denn ihr Inhalt ist eine Garantie dafür, daß du sie mit Hochachtung betrachtest, insbesondere, wenn du ihre verschiedenen Themen und Richtungen kennenlernst. Es gab da Gedichtbände, Panegyrik und Biographien, Bücher über arabische Helden, Theologie, Kriminalromane – auch *Sherlock Holmes* –, und Bücher zur Allgemeinbildung.[7]

Manchmal enthielt der Sack von Onkel Salih Gefährlicheres als die eben genannten Bücher. Er brachte dann nämlich einen Band von *Antara al-Fawaris* mit oder *1001 Nacht* oder – diese Buchtitel durfte man nur flüsternd aussprechen – das *Kitâb Abi Ma*^{c}*shâr al-Falakî fî t-Tandschîm*, das *Kitâb Shamhurâsh fî s-Sihr* und das *Kitâb al-Farâ*^{c}*id at-Tibbiyya fî t-Tibb.*[8]

Diese letztgenannte Gruppe von Büchern zeigte Onkel Salih lediglich ausgewählten Kunden und Lesern und händigte sie ihnen nur aus, wenn bei Gott geschworen wurde, sie nicht zum Schaden anderer Leute zu mißbrauchen. Deswegen umgab sie auch eine besondere Zauberatmosphäre, und wenn man sie gegenseitig auslieh, schloß man jedes Mal einen wichtigen Geheimvertrag ab.

Unser Junge war ein bevorzugter Kunde von Onkel Salih, der ihn gut kannte und die besten und gefährlichsten Bücher für ihn aufbewahrte. Der Junge sparte bei den Büchern nicht am Geld, selbst wenn er fünf Piaster dafür ausgeben mußte.

Die Preise dieser wertvollen Bücher begannen bei einem *Millim* und endeten in der Regel bei zwei Piastern. Nur die geheimen, gefährlichen Bücher konnten teurer sein.

Die drei oder vier Tage, an denen Onkel Salih sich im Dorf niederließ, gehörten zu den schönsten unseres Jungen. Er bereitete sich darauf vor, indem er vorher weniger ausgab. Wenn sein Kapital erschöpft war, bat er seinen Vater um einen oder zwei oder manchmal auch um fünf *Piaster*, einen gewaltigen Betrag in jener Zeit. Er war damals noch nicht zehn Jahre alt und fand im Dorf nichts, wofür er die kleinen Geldbeträge hätte ausgeben können, die er vom Vater erhielt. Süßigkeiten oder Obst gab es zu Hause genügend, höchstens, daß er bei Onkel Khalil Zuckerrohr kaufte. Minderwertige Feigen und unreife Äpfel zu kaufen, hatte der Vater verboten, der ständig dafür sorgte, daß das Beste, was im Dorf angeboten wurde, im Haus zur Verfügung stand. Zudem stahl er nichts aus der Scheuer oder dem Haus, wie das woanders üblich war, aber darüber wird erst weiter unten berichtet. Fünf *Piaster* galten in jener Zeit als große Summe; trotzdem gab er sie für Buchkäufe aus, und es nimmt nicht wunder, daß Onkel Salih sehr viel von ihm hielt.

Er hatte unter den Kunden von Onkel Salih Freunde, die genau wie er Bücher lasen. Einige von ihnen waren Grundschüler, und einige hatten die Schulzeit beendet, als ihre Oberlippenbärtchen flaumten, die Kinnbärte zu wachsen begannen und sie zu den Männern gezählt wurden.

Während der drei fröhlichen Tage bildeten sie und er die Kundschaft von Onkel Salih; sie kauften bei ihm, solange ihr Geld reichte. Bei ihm konnte man auch Bücher für einen *Millim* pro Exemplar lesen, wenn man in seiner unmittelbaren Nähe auf dem kleinen Dorfmarkt verweilte. Unserem Jungen wurde ausnahmsweise die Heimausleihe gegen Hinterlegung eines halben Piasters pro Buch erlaubt. Danach brachte er es zurück, wenn er es nicht erwerben wollte oder nicht genug Geld besaß. In diesem Fall bat er Onkel Salih, das Buch für ihn bis zu seiner Wiederkehr zurückzulegen, damit er es dann kaufen könne. Der Junge wurde als Mann betrachtet, und wirklich hat er sein Versprechen immer gehalten!

Die Beschäftigung mit Literatur hörte nach der Abreise von Onkel Salih nicht auf, denn man lieh die Bücher untereinander aus, bis alle sie vollständig gelesen hatten, und dann nahte ja schon der sehnlich erwartete nächste Termin, und so ging es durch das ganze Jahr.

Im Kreis der gebildeten Oberschicht des Dorfes war der Junge für seine Bücher und sein Vorlesen bekannt. Sein Ruhm wuchs, und alle sagten ihm eine blühende Zukunft voraus. Warum auch nicht? Besaß er nicht trotz seiner Jugend eine gewaltige Bibliothek, die so umfangreich war, daß sie eine ganze Kiste füllte?

Ja, eine Kiste, denn diese Art der Aufbewahrung hatte er auf Anraten von Onkel Salih gewählt, der ihm sagte, daß Holz Motten anziehe, Weißblech aber nicht. Von Zeit zu Zeit reinigte er die Kiste mit Petroleum, um das Eindringen von Motten oder Kakerlaken zu verhindern; und da ihm seine Bücher sehr viel bedeuteten, hatte er für sie diese Weißblechkiste mit einem aus dem gleichen Material gefertigten luftdichten Deckel von einem Klempner herstellen lassen. So bewahrte er seine ständig umfangreicher werdende Bibliothek auf, die manchmal um die fünfundzwanzig Bände umfaßte.

Es ist richtig, daß er in diese im Dorf einzigartige Bibliothek verliebt war; sie war so gut sortiert und nichts fehlte ihr zu einer Universitätsbibliothek als ein Exemplar von *al-Buchâri*. Woher sollte er - ein Kind - dieses Buch bekommen, das nur die *al-Azhâr*-Absolventen, von denen es im Dorf zehn gab,[9] ihr eigen nannten. Sie hatten einen angesehenen Rang und genossen hohe Verehrung. Ihre Hände wurden von allen geküßt, als ob sie Heilige seien. Aber trotzdem galten im Dorf die Gelehrten weniger als die Besessenen und Heiligen.

Je ein Exemplar von *al-Buchâri* befand sich bei den *al-Azhâr*-Leuten und den zwei dörflichen Koranrezitatoren. Diese beiden nahmen das Buch zur Hilfe, um sich mit der Kunst der Geisterbeschwörung, mit Talismanen, Amuletten und auch mit Zauberei zu beschäftigen. Das kranke Kind, die geistesgestörte Frau, die verhaßte Ehefrau, der gefesselte Mann - der in der Hochzeitsnacht impotent war, bis diese Fesselung gelöst wurde - , alle fanden gewöhnlich bei diesen beiden Männern und bei manchen anderen Zauberern die Erfüllung ihrer Wünsche und mußten dafür ein bestimmtes Honorar entrichten.

Jetzt gebe ich dir, lieber Leser, die Erklärung dafür, warum ein Exemplar von *al-Buchâri* einen solchen Wert besaß. In den Häusern geschehen viele Diebstähle. Die Täter sind entweder die Ehefrau des Hausherrn oder die Schwiegertochter, ein

Sohn oder bei reichen Bauern jemand vom Hauspersonal. Gestohlen wird meistens das im Haus oder in der Scheune gelagerte Getreide, ein Stück Gold oder Geld.

Daß jemand aus der Dienerschaft stiehlt, ist erklärlich, aber weswegen tun dies die Söhne, die Schwiegertochter oder die Ehefrau des Hausherrn? Die Erklärung dafür ist die wirtschaftliche Situation. Die Väter ernähren ihre Söhne, bis sie erwachsen sind, und nach der Eheschließung - natürlich nur durch die Vermittlung der Eltern - auch deren Frauen viele Jahre bis zum eigenen Tod und bis zur Verteilung des Erbes; das erkennen die Söhne jedoch nicht dankbar an.

Wenn der Knabe älter wird und ins Jugendalter kommt, bleibt für ihn keine andere Möglichkeit als Diebstahl, denn bei den Treffen mit anderen Jugendlichen muß er etwas springen lassen. Er teilt mit ihnen das gekaufte Zuckerrohr, an dem sie gemeinsam saugen, sie trinken reihum Tee mit Zucker, und er beteiligt sich am Kauf von Fleisch, Nieren und Leber, die sie heimlich auf einem Fest oder im Haus eines von ihnen essen, reicht doch die Menge, die sie in ihrer Familie bekommen, für das Wachstum in diesem Stadium nicht aus.

Die Söhne sind also aus diesen oder auch anderen Gründen gezwungen zu stehlen. Einer ist zum Beispiel verlobt; er braucht unbedingt Geschenke für seine Verlobte oder deren Familie, denn die Geschenke, die seine Familie ihnen macht, sind meist klein. Die Braut erwartet von ihm ein verziertes, an den Rändern ausgeschmücktes Taschentuch oder zwei *Ratl* Weintrauben oder ein Viertel *Kaila* Datteln oder ein *Labsha* Zuckerrohr - ein Bündel von vierundzwanzig Stangen.

Diese Geschenke kosten natürlich Geld, und das kann der Verlobte nur dadurch aufbringen, daß er etwas aus dem Haus des Vaters stiehlt. In den Flitterwochen schenkt er seiner Frau ohne Wissen der Eltern einige Portionen *Mukassarât* - Walnüsse, Haselnüsse, Mandeln und etwas Süßigkeit -, *Malban* und einige Stücke Seife, damit die Brautleute gepflegt baden können, alles Dinge, die es in den Dorfhäusern nicht in ausreichender Menge gibt.

Die Schwiegertochter ist die zweite, die stiehlt, weil sie jung ist und Wünsche hat, die in einem knauserigen Haus meistens nicht erfüllt werden. Sie braucht einige bestickte Taschentücher, moschusduftende Seife und Fläschchen mit Duftwässern, mit denen sie sich für ihren jungen Ehemann einparfümiert, und dazu die Elfenbeinkämme, die die *Dallala,* die Hausiererin, in die Häuser bringt, und womit sie die Frauen und besonders die jungen Männer in der ersten Zeit der Ehe verführt. Die Schwiegertochter stiehlt auch, weil ihr junger Körper sich noch in der Entwicklung befindet und verschiedene Arten von Nahrung braucht, die in dieser Fülle meistens nicht angeboten werden.

In der ersten Woche der Ehe schickt ihre Familie jeden Tag das sogenannte große Abendessen. Es besteht aus einem ganzen oder halben Schlachttier, etwa einem Hammel oder einer Ziege, aus ein oder zwei großen Schüsseln mit gekochtem Gemüse und aus *Mishmishiya*, das sind gedörrte Aprikosen, die in Wasser, Zucker und Butter gekocht wurden. Dies alles wird der Familie des Bräutigams gebracht, während das junge Ehepaar Mahlzeiten von noch besserer Qualität mit noch mehr Butterfett bekommt. Mädchen und Frauen, von denen jede eine Schüssel trägt, bringen dieses Abendessen nach dem Nachmittagsgebet und gehen in einem für alle sichtbaren Zug zum Haus des Bräutigams.

Ist die erste Woche vorbei, wird mit dieser Sitte unterschiedlich verfahren. Einige schicken für einen weiteren Monat das große Abendessen wöchentlich und das kleine täglich; danach hört man mit dem großen Abendessen auf und beschränkt sich bis auf weiteres auf das kleine.

Andere verlängern oder verkürzen den Zeitraum je nach ihren finanziellen Möglichkeiten oder je nach Geiz und Freigebigkeit. Das ganze Dorf spricht noch einige Jahre darüber.

Auf jeden Fall endet dies spätestens mit dem Ablauf des ersten Jahres. Für die weitere körperliche Entwicklung der jungen Braut reicht die gemeinsame Mahlzeit mit der Familie des Bräutigams nicht aus. Sie kann nicht umhin, hinter dem Rükken ihrer Schwiegereltern zu stehlen, um Mängel in der Ernährung auszugleichen. Die Verkäuferin von Füßen, Herzen, Leber, Nieren und Kutteln kocht ihr am Donnerstag und Montag - an diesen beiden Tagen wird im Dorf Vieh geschlachtet - eine bestimmte Menge und bringt sie ins Haus, wobei sie behauptet, daß ihre Familie diese Extra-Portion geschickt habe. Oder die Verkäuferin bringt heimlich rohes Fleisch, und wenn alle schlafen, steht die Schwiegertochter in der Nacht auf, bereitet es in ihrem eigenen Zimmer zu, und sie und ihr Ehemann essen es unbemerkt von den Bewachern auf.

Die Ehefrau des Hausherrn stiehlt, weil sie die gleichen Wünsche wie die Schwiegertochter hat oder weil sie etwas zurücklegen will oder weil sie ihren Sohn, wenn er sich verlobt, bei den Ausgaben unterstützen möchte, für die der Vater nicht aufkommt.

Einige Hausherren, aber nur die klugen und anständigen, entdecken diese Diebstähle und sagen nichts, denn sie sehen die Bedürfnisse ihrer Söhne und Ehefrauen, merken, daß sie deren Wünsche nicht erfüllen, und schweigen. Sie versuchen aber niemals, großzügiger zu sein, womit sie weitere Diebstähle vermeiden könnten. Einige andere jedoch schreien, erregen sich, drohen und verhören die Familie, die Dienerschaft und auch Besucherinnen und Besucher; natürlich weisen alle den Diebstahlsverdacht weit von sich.

Und hier ist nun das Feld von *al-Buchâri*. Die Beschuldigten können, auch wenn sie lügen, bei Gott und dem Propheten schwören und sind in Sicherheit. Es gibt jedoch Schwüre, die niemand gern ablegt, denn im Fall einer Lüge folgt die Strafe auf dem Fuß, und nichts kann davor schützen.

Der erste Schwur ist der beim Koran: Der Beschuldigte legt seine Hand auf ein Koranexemplar und schließt die Augen; dann schwört er, daß er nicht getan hat, wessen er beschuldigt wird.

Ein stärkerer Schwur ist die *Shûrâ*. Der Beschuldigte sagt: Bei der *Shûrâ*, ich habe das nicht getan. Hat er gelogen, wird neben ihm eine Beratung abgehalten. Und dann erblindet er, er erleidet einen Knochenbruch oder bekommt eine hartnäckige Krankheit, von der er auf keinen Fall gerettet werden kann.

Noch stärker als die *Shûrâ* ist der Schwur bei einem der vielen Heiligen, die darauf unterschiedlich reagieren; einige ertragen den Meineid nicht, und die Bestrafung des Lügners erfolgt sofort. Der Heilige erscheint ihm dann im Traum, warnt ihn und packt ihn heftig. Meistens erwacht der Träumende erschrocken aus seinem Schlaf, bekennt seine Verfehlung und bittet um Vergebung. Einige Heilige sind geduldig und geben dem Schwörenden ein wenig Zeit, aber sie lassen ihn auf keinen Fall los, ganz besonders dann nicht, wenn der Schwörende seine Hand auf die Grabkuppel des Heiligen gelegt hat.

Aber der gefürchtete, schreckliche Schwur, der das Gemüt des Schwörenden heftig aufregt, und den nur ablegt, wer sicher ist, daß er die Wahrheit sagt, oder wer den Zeitpunkt seines Todes zu beschleunigen sucht, das ist der Schwur bei *al-Buchâri*!

Kaum legt der Dieb seine Hand auf *al-Buchâri* und schließt die Augen, da erschauert er, der Körper erzittert, die Herzschläge beschleunigen und verlangsamen sich, er zeigt Anzeichen tiefen Schreckens und gesteht sofort oder tritt vom Schwur zurück, und liefert damit den Beweis für seine Verfehlung. Wenn er aber das Risiko eingeht und sich an den Schwur wagt, so vergehen keine drei Tage, bis *al-Buchâri* bei ihm wirkt und er die angedrohten Strafen erleidet. Der Verstand verwirrt sich und das Gemüt gerät so durcheinander, daß meistens Tod oder Wahnsinn die Folge ist.

Und da für den Schwur bei *al-Buchâri* besondere Traditionen und Zeremonien gelten, muß der Besitzer des Werkes entweder in das bestohlene Haus kommen oder man bringt den Verdächtigen zu ihm, damit die Vereidigung dort vorgenommen werden kann; in jedem Fall muß ein vereinbartes Entgelt gezahlt werden.

Es gibt auch noch andere Möglichkeiten, den Dieb zu überführen, zum Beispiel die Methoden *Mandal* und *Findschân.* Bei *Mandal* wird ein Krug mit Wasser gefüllt und an einer Schnur, die um seinen Hals geschlungen wird, aufgehängt; der Wahrsager und alle Verdächtigen, die um jenen herum sitzen, berühren den Krug. Dann rezitiert der Wahrsager einige Beschwörungsformeln und Zaubersprüche und brennt ein besonderes Räucherwerk ab. Danach versetzt er den Krug mit Hilfe der Schnur zu den Sitzenden hin in Drehungen; wenn der Krug vor dem Dieb ist, ergießt sich Wasser aus seinem Schnabel, und der Dieb ist überführt.

Bei *Findschân* holt man einen kleinen Jungen, der leicht einzuschläfern ist und dem man eine Tasse in die Hand gibt, die noch Spuren von Kaffeesatz enthält. Dann rezitiert der Wahrsager Beschwörungsformeln und Zaubersprüche und befiehlt dem Jungen, auf den Boden der Tasse zu schauen, wo er sich bewegende Männer und Frauen sehe - eine Gruppe von dienstbaren *Dschinnen*, die Diener genannt werden. Er trägt ihm weiter auf, sie sprengen, fegen und die Stühle in eine Reihe stellen zu lassen. Der Knabe sieht, daß sie das tun. Dann sagt der Wahrsager ihm, er solle sie auffordern, den Verdächtigen herbeizuschaffen, und der Knabe sieht, wie sie einen Mann oder eine Frau herholen. Dann soll er sich erinnern, wem der Betreffende ähnlich sehe, der herbeigeholt wurde. Der Knabe ist aber sehr erschöpft und nennt einen Namen, den er kennt. Dann fordert der Wahrsager ihn auf, die Diener zu entlassen; er tut es und fällt in tiefen Schlaf!

Also wurde der Dieb bekannt, der dem Wahrsager oft schon vorher ein Geständnis abgelegt hatte, sobald er erfuhr, daß jener zu *Findschân* oder *Mandal* greifen werde. Aber *Findschân* und *Mandal* erreichen nicht die Kraft von *al-Buchâri*, und deswegen bleibt der Schwur von *al-Buchâri* einzigartig unter den Schwüren, und jetzt begreifst du, lieber Leser, welch großen Wert der Besitz seines Werkes bei einigen Leuten hat.

Unserem Jungen gelang es nicht, für seine hervorragende Bibliothek ein Exemplar des seltenen Buches zu beschaffen, weil er kein *al-Azhâr*-Gelehrter war und auch kein Prediger wie die zwei, die im ganzen Dorf für ihren *al-Buchâri* und ihre Zauberkunst bekannt waren. Die beiden wurden auch beim Streit von Ehefrauen gegen Ehemänner, Nebenfrauen gegen Nebenfrauen, beim Fesseln und Lösen von Männern und bei der Verzauberung von Feinden durch Verwirrung, Krankheit und Wahnsinn - oft lebten die Betroffenen dann verhext im Dorf verstreut - zu Rate gezogen. Aber wenn ihm schon ein Exemplar von *al-Buchâri* fehlte, so hatte er doch andere Bücher in seiner Bibliothek, die seinen Ruhm vermehrten und ihm trotz seiner Jugend einen guten Ruf in den Dorfhäusern, besonders bei vielen Frauen und manchen Jugendlichen, verschafften.

Zwei Bücher in seiner Bibliothek, nämlich das *Kitab Abi Ma'shar al-Falaki* und das *Kitab Shamhurash*, trugen wesentlich zur Verbreitung seines Ansehens bei.

Das erste handelt von Astrologie und besteht aus unterschiedlichen Kapiteln, von denen eins die verschiedenen günstigen Konstellationen für die in den entsprechenden Tagen, Monaten und Jahreszeiten Geborenen darstellt. Ein besonderes Kapitel beschreibt die günstigen Konstellationen, die aus den Buchstaben des Namens der Person, des Namens der Mutter und des Geburtsmonats abgeleitet werden. Ihre Addition erfolgt nach der Methode *Dschummal*, jener bekannten Umrechnungsmethode, die auch zur Datierung benutzt wurde. Dabei entspricht ein Buchstabe einer Zahl: *alif* = 1, *ba* = 2, *Djim* = 3, *dal* = 4 und so fort. Dieses System, auch *Abdschad* genannt[10], ist wenn ich mich recht erinnere, dem Althebräischen entlehnt.

In einem Kapitel mußte derjenige, der sein Schicksal wissen wollte, die Augen schließen und die Finger auf eine Seite legen, wo verstreute Zahlen standen, und die Zahl, auf die der Finger fiel, bezeichnete eine besondere Seite im Kapitel, in dem seine günstigen Konstellationen in Vergangenheit, Gegenwart und Zukunft verzeichnet waren, dazu Angaben über seinen Charakter, seine Eigenschaften, Gegner und Freunde, das was er unbedingt tun mußte und wovor er sich hüten sollte und anderes mehr.

Das zweite Buch enthält viele Zaubersprüche, Beschwörungsformeln, Bilder von Häßlichen sowie Rezepte von Räucherwerk. Einige ziehen die Liebe an, einige das Glück und einige verschaffen bei Herrschern Erfolg, denn wer die Formel anwendet, wird empfangen und seine Wünsche werden erfüllt.

Die Frauen des Dorfes und die jungen Männer hörten von diesen Büchern und brachten unserem kleinen Jungen ein besonderes Interesse entgegen, zumal er für seine Dienste kein Entgelt nahm und noch ein Knabe war, der die Häuser betreten und den die Frauen und Mädchen ohne Zurückhaltung empfangen konnten. Bei einem Erwachsenen wäre dies anders gewesen. Außerdem wurden die Frauen oder Mädchen nicht in Verlegenheit gebracht, da sie ja ihre Wünsche, Geheimnisse und Ängste einem Knaben mitteilten, vor dem sie sich wegen seines Alters nicht zu schämen brauchten. Die jungen Männer dachten ebenso, handelte es sich doch meistens auch um solche geheimen Angelegenheiten.

Der Junge kam von der Schule und fand viele Einladungen in unterschiedliche Häuser vor; einige schickten einen Boten, der ihn gleich mitbringen sollte, denn es hatte sich herumgesprochen, daß er sehr begehrt war.

Er muß gestehen, daß er ein besonderes Glücksgefühl spürte; er wurde immer gefragter, und alle Türen öffneten sich ihm. Er war ja noch ein Kind, das geschlechtliche Neigungen nicht irritierten, und das zu Haus zu soviel Anstand und Schamgefühl erzogen worden war, daß diese Triebe keine Verwirrung stiften konnten. Seine Empfindung galt der lebendigen Schönheit. Thema der Besuche und Zusammenkünfte war die Liebe und alles, was dieses junge, rätselhafte Gefühl nährt; die geheimnisvolle, seltsame Süße gefiel ihm sehr.

Tatsächlich hat er sich an die Empfehlungen von Onkel Salih und den Vertrag mit ihm gehalten, als er versprach, diese gefährlichen Bücher niemals zu mißbrauchen. Nie gab er den Launen eines jungen Mannes nach, ein verschleiertes Mädchen oder eine unbescholtene Frau verführbar zu machen, und nie erfüllte er den Wunsch einer Nebenfrau, ihre Mitnebenfrau blind werden zu lassen, nicht einmal, ihren Widerwillen gegen ihren Mann auszudrücken. Er befaßte sich vielmehr mit Liebesbotschaften zwischen Brautleuten, der Versöhnung von Widerstrebenden mit ihren geschiedenen Frauen sowie umworbenen jungen Männern, mit denen sich die Mädchen verloben wollten.

Was aber die Bekanntgabe der günstigen Konstellationen anging, so hinderte ihn nichts daran mitzuteilen, was die Sterne in seinem wunderbaren Buch offenbarten.

Der Junge war also mit sich und seiner Bibliothek zufrieden; er freute sich über die Breite der Bildung und auch über sein weitverbreitetes Ansehen.

Von einem anderen Buch aber gab es im ganzen Dorf nur ein Exemplar, das ein verwandter junger Mann, der aber älter war als er, besaß. Er hätte dieses Werk gern sein eigen genannt, denn dann wären die Zeichen seiner Bildung und seines Ruhms im ganzen Dorf vollkommen gewesen. Aber dieses einzigartige Buch blieb ihm unzugänglich, und er fand keine Möglichkeit, es zu erwerben.

Wenn davon noch ein Exemplar vorhanden gewesen wäre, das man mit Geld hätte erwerben können, so hätte er es getan. Er bat Onkel Salih inständig, ihm einen Band, koste es was es wolle, zu beschaffen, aber es handelte sich leider um eine vom Propheten Salomo - Heil sei über ihm! - angefertigte Handschrift, und Salomo war schon gestorben und schien - Gott erbarme sich seiner! - nur ein Exemplar dieses Buches geschrieben zu haben, nämlich das, welches sich in der Hand seines jungen Verwandten befand, und welches ein Maghrebiner, ein Wahrsager, mitgebracht hatte, der auf Nimmerwiedersehen verschwand. Sein Verwandter kaufte es für zwei ganze *Kaila* Weizen, die er ohne Furcht aus einem Getreidespeicher gestohlen hatte. Dazu war noch ein *Riyâl* von seiner Mutter gekommen, die dieses seltene, kostbare Buch freudig begrüßte. Das war das Buch der Schätze!

Alle Reichtümer und Edelsteine auf der Oberfläche der Erde sind nur ein Bruchteil von dem, was in ihrem Inneren verborgen ist. Diese Schätze sind jedoch bewacht - meistens von verzauberten Hähnen oder Hunden oder Dienern aus der Dschinnenwelt - und nur durch das Töten der Wächter zu öffnen. Dies gelingt aber nur durch spezielles Räucherwerk und besondere Zaubersprüche und -praktiken.

Die Maghrebiner, Experten in all diesen Dingen, kamen öfter in dieses Dorf, das voll von Schätzen ist, besonders zwischen der Dorfkirche und dem Kloster.[11] Es lag mitten in den Bergen etwas mehr als fünf Kilometer entfernt, und am Weg dorthin gab es die verschiedenartigsten Schätze. Ja, sogar im Haus des Großvaters mütterlicherseits lag einer, den sie fast gehoben hätten, wenn nicht das Räucherwerk des Maghrebiners ausgegangen wäre. Das Räucherwerk geht nämlich immer aus, bevor die Aktion beendet ist, und man braucht viel Geld, um es aus fernen Ländern und gefährlichen Orten herbeizuschaffen. Gelang dies dem Maghrebiner, so kam er zurück, aber immer nur mit einem Teil; wenn nicht, nahmen sie Gott als Ersatz für ihn und ihr Geld an.

Dieser Schatz im Haus des Großvaters wurde von einem Hahn bewacht. Um den Schatz zu heben, muß der Beschwörer in einer dunklen Ecke sitzen, vor sich das Räucherwerk und darüber eine Trinkschale aus Kupfer. Nach dem Beginn der Beschwörung setzt sich die Trinkschale in Bewegung, fliegt von einer Zimmerecke in die andere und fällt hinunter. Die Erde tut sich auf, und der Hahn, der mit den Flügeln schlägt und kräht, kommt heraus. Die Grundpfeiler des Hauses erbeben, und es stürzt fast auf seine Bewohner. Dann schießt eine Gruppe von Männern mit ihren Gewehren auf den Hahn, während die Beschwörung mit Zaubersprüchen und Räucherwerk weitergeht. Wenn sie ihn treffen, öffnet sich der Schatz, und wenn sie ihn verfehlen, ist ihr Leben in großer Gefahr.

Einmal schon sind all diese Phasen abgelaufen, außer der letzten. Die Männer schworen, daß sie die Schale haben fliegen und die Erde sich auftun sehen. Sie sahen den Hahn herauskommen, hörten ihn krähen und zielten auf ihn, aber das Räucherwerk ging aus, die Glut erlosch, der Raum wurde dunkel und alle fielen erschrocken zu Boden. Der Wächter hätte sie fast umgebracht, wenn nicht der Beschwörer den erhabensten Namen Gottes rezitiert hätte, der der alleinige Erretter ist. Der Maghrebiner ging, um neues Räucherwerk zu holen, aber bis heute kam er nicht zurück.

Wenn er dieses Buch besäße, würde sich alles in seinem Leben ändern. Der Verwandte rückte das Exemplar jedoch nicht heraus, das die Quelle eines imaginären, verlockenden, letzten Endes aber unerreichbaren Reichtums war. Sein Besitzer führte noch einige mögliche, im Buch beschriebene Experimente durch, aber dann entschied er sich für eine schöne, von allen Fesseln freie Welt, in der er diese Schätze ohne Zaubersprüche und Beschwörungsformeln, auch ohne Räucherwerk und Buch fand. Und er erfreut sich jetzt dieser neuen Welt und genießt die kostbaren Schätze in höchstem Maße!

Der Junge war mit den Büchern, die er besaß, zufrieden und blieb ein treuer Kunde von Onkel Salih; nach und nach, während seiner letzten Jahre im Dorf, gingen von der Bibliothek mit ihren kostbaren Büchern, die man während des ganzen Jahres auslieh, besondere und ungeahnte Aktivitäten aus.

Das geschah am Ende des vergangenen [Ersten Welt-] Krieges. An der Schule unterrichtete ein junger Schulleiter, ein glühender Patriot; und da der Vater des Jungen Kommissionsmitglied der Nationalpartei war und eine Tageszeitung abonniert hatte, diente ihr Haus als festes Standquartier für die Vaterlandsfreunde unter den Männern des Dorfes und auch für den jungen Schulleiter. Zwischen ihm und dem Vater entstand eine enge Freundschaft.

An einigen Versammlungen nahm der Junge teil, andere waren geheim. Er hörte den Namen unseres Herrn Abbas, Scheich Abd al-Aziz Dschawish, Muhammad Farid, Anwar at-Turki, Tala'at, Rau[12] und sein Schiff Hamidiya, das erfolgreich gegen die Alliierten kämpfte, wovon märchenhafte Geschichten erzählt wurden.

Das ganze Dorf stand auf Seiten der Türkei, die als Staat des Kalifats gegen die gottlosen Alliierten kämpfte, die gegen den Islam waren. Aber noch ein anderes Gefühl spielte hier eine Rolle. Im Rückblick begreift er, daß die in ihrem Haus abgehaltenen geheimen Zusammenkünfte, die verschlossenen Türen und gedämpften Stimmen ihn, obwohl er noch jung war, und alle Männer etwas Geheimnisvolles erwarten ließen, das sie sich nur noch nicht genau vorstellen konnten. Aber jeder glaubte fest, daß sich etwas ereignen würde.

Der Junge nahm allmählich an der Erwachsenenwelt teil, zumal er schon die vierte Grundschulklasse besuchte und oft den Vater vertrat und einer zahlreichen Zuhörerschaft in ihrem Haus die Zeitung vorlas.

Neben seinen Erfolgen im Arabischunterricht machte das den Schulleiter auf ihn aufmerksam, und er hielt ihn für reif genug, ihm zwei hervorragende Bücher auszuleihen, in denen der Junge eine andere kulturelle Ebene als in seiner eigenen

Bibliothek antraf. Das eine war der *Diwân* von Thabit al-Djurdjawi, das andere ein historisches Werk von Muhammad Bay al-Hadari, in dessen Vorwort sich ein Bild von Abbas Hilmi II und ein Lobpreis auf seine Großtaten befand.

Der *Diwân* enthielt patriotische *Qasiden*, von denen der Junge jetzt weiß, daß sie eine Dichtkunst von äußerster Kraftlosigkeit und Naivität waren. Damals aber handelte es sich für ihn um ein unnachahmliches Wunderwerk. Im *Diwân* fand er Stellen, die seinen vaterländischen Geist nährten, jenen Geist, den die Atmosphäre innerhalb und außerhalb seiner Familie schuf, angefüllt mit geheimnisvollen explosiven Spannungen. Der Wert des *Diwâns* stieg in seinen Augen, als er erfuhr, daß sein Verfasser politischer Gefangener und das Buch kraft Kriegsrecht konfisziert worden war.

Das Geschichtswerk schätzte er, weil der Autor am Ende schrieb:

„Es erscheint keine zweite Auflage, bevor nicht die Passagen mit der Lobpreisung auf den Khediven Abbas Hilmi II aus ihm getilgt werden."

Vor ihm lagen also zwei seltene, kostbare Bücher, und beide enthielten Patriotisches, nach dem sich seine dürstende Seele sehnte. Und da er sich nicht vorstellen konnte, daß der Besitzer dieser unvergleichlichen Bücher sie an ihn abtreten würde, machte er sich eine Kladde aus den leeren Seiten seiner Schulhefte der vergangenen Jahre und übertrug den *Diwân* - Tinte und Federn gab es im Haus im Überfluß - Vers für Vers in bewundernswerter Geduld und Beharrlichkeit und ebenso die altertümliche Vorrede des Geschichtsbuchs.

Heute noch wundert er sich, wie er dazu imstande war und darüber hinaus den *Diwân* auswendig lernte und ihn noch viele Jahre aufsagen konnte.

Als er nun im Dorf herumging, seinen Kameraden von dem berichtete, was er auswendig gelernt hatte, und behauptete, dieses Dichtwerk sei von einem Zeitgenossen, glaubte ihm keiner, denn ein Gedicht sei etwas typisch Arabisches von verstorbenen Bewohnern der Arabischen Halbinsel und niemand könne nach ihnen einen einzigen Vers verfassen. Und als er ihnen sagte, es gebe noch andere lebende Autoren, zum Beispiel Shauqi und Hafiz, von denen ihm sein Lehrer erzählt hatte, gab es keinen, der diese Behauptung für wahr hielt.

Der Junge setzte es sich in den Kopf, die Richtigkeit seiner Behauptung zu beweisen; sie hinterlegten Pfänder und wollten solange warten, bis einige *al-Azhâr*-Studenten aus Kairo zurückkämen oder der, welcher am *Dâr al-Ulûm* studierte, oder ein Jura-Student - aus all dem siehst du, lieber Leser, daß es im Dorf einen großen Aufschwung gegeben hatte -, um sie in dieser wichtigen Sache zu befragen und zu einer richtigen Entscheidung zu kommen.[13]

Ihm schien es aber ziemlich sicher, daß es Leute gab, die Gedichte und Prosa schrieben genau wie die, die sie in Büchern lasen. Und der Beweis für die Existenz von Dichtung war der *Diwân* und der Bericht des Lehrers über Shauqi und Hafiz. Der Beweis für Prosa aber war das Diktat, das der Schulleiter ihnen in der Prüfung gegeben und selbst verfaßt hatte:

„Betrachte das Kamel und du siehst seinen langen Hals und seinen langgestreckten Kopf, wodurch sein Körper eine harmonische Form bekommt."

Das ist beste Prosa, von einem Zeitgenossen geschaffen!

Dann hatte er gehört, der Student am *Dâr al-Ulûm* halte in der Moschee selbstverfertigte Predigten, wenn er in den Sommerferien im Dorf weilte, und entnehme sie keinem Buch. Er hegte allerdings trotz des Schwurs einiger Verwandter dieses

Mannes Zweifel an der Richtigkeit dieses Wunders, obwohl sie sagten, sie hätten gesehen, wie er die Predigt *aus seinem Verstand hervorbrachte* und nicht aus Büchern ablas.

Und als in die Trompete der großen ägytischen Revolution geblasen wurde, stellte sich der Lehrer vor die Schülerreihen, hielt eine feurige, patriotische Rede und verkündete, die Schule würde auf unbestimmte Zeit geschlossen, weil er und seine Kollegen zur Durchführung der Revolution schritten, was Pflicht eines jeden Menschen sei.

Und es geschah ein Wunder, an das der Junge mal glaubte und mal nicht. Er schrieb in aufbrausender Begeisterung Reden für die Revolution, fügte Verse aus der Dichtkunst ein - die er für wohlabgewogen hielt, während sie matt waren - und trug sie auf Versammlungen und in Moscheen vor, wo die Redner die heilige Revolution beschworen und die Zuhörer mitrissen. Damals war er kaum älter als zehn.

Der neue heilige Name war - *Sa'd Zaghlûl.*

Kapitel 8

Das Gesetz der Diebe

Dem Jungen war es gelungen, gegen den *Ifrît*-Aberglauben anzukämpfen und ohne Angst oder fast ohne Angst an allen Winkeln des Dorfes vorüberzugehen; begegnete er aber jenem widerwärtigen Geschöpf von Angesicht zu Angesicht, das Harhur genannt wurde, konnte er seine Furcht nicht besiegen.

Wenn der Junge auf seinem Weg zum Großvater an Harhurs Haus vorbeikam, saß dieser auf der Steinbank davor, in der Hand eine Spindel oder einen Knotenstock; seine Frau hockte in der offenen Tür, beobachtete die Vorübergehenden, lächelte den Jungen an und rief ihn zu sich. Dieses Verhalten erregte bei ihm Angst und Abscheu vor Harhur und seiner Frau, bis er ein wenig größer wurde und sich Gedanken zu machen begann.

Dieser Harhur war ein Dieb, aber nicht der einzige im Dorf; dennoch ängstigte er ihn mehr als die anderen, von denen er noch hörte; der Junge empfand Abscheu für ihn, so daß er wünschte, lieber dem Teufel bei Tag oder Nacht als diesem Mann zu begegnen.

Die Frau Harhurs stammte nicht aus dem Dorf; sie war Zigeunerin und hatte ihrem Mann den Hof gemacht. Er hatte sie gewonnen, wie die Leute des Dorfes sich ausdrückten, und sie dann geheiratet. Sie umwarb ihn, weil er ein Meuchelmörder der *Kinder der Nacht* war. So nannte man die verbrecherischen Diebe, die vor Mord nicht zurückweichen, sondern ihn eher als Zeitvertreib bei ihren vielen Abenteuern betrachten.

Dann wurden ihnen drei Töchter geboren, die ihrer Mutter nachschlugen. Sie genossen einen besonderen Ruf und wurden zur Quelle des Schreckens von Müttern, die um die Unschuld ihrer Söhne bangten, und von Ehefrauen, denen dieses verhaßte Haus ihre Ehemänner entführte.

Der Junge hatte einen Halbbruder, der eine volle Generation älter als er war und als junger Mann dort aus und ein ging. Die ganze Familie sprach ängstlich hinter vorgehaltener Hand davon, und der Junge hörte es seit der Kindheit, ohne aber die volle Wahrheit zu kennen. Es schien ihm so, als verschlinge dieses Haus junge Leute, so daß sie nie wieder herauskämen. Und da er den Bruder liebte, lebte er in ständiger Furcht vor dieser verfluchten Behausung.

Dann erfuhr er den wahren Zusammenhang, wodurch sich die Angst zum Haß steigerte; fortan vermied er es möglichst, an diesem schrecklichen Haus vorüberzugehen, bis er das Dorf als junger Mann verließ. Noch jetzt überfällt ihn ein unerklärliches Gefühl, sooft er dort vorbeikommt.

Harhur war nicht der einzige Dieb im Dorf. Dieberei auf dem Land galt zu den meisten Zeiten als eine anerkannte Zunft mit Prinzipien und Traditionen, ja sogar mit allen bekannten Gesetzen.

Das Diebeshandwerk war eine Vereinigung – *Fatwana* genannt –, die jungen Leuten aus allen Schichten offenstand, auch den Söhnen Reicher, bei denen man nicht sagte: Sie stehlen, um zu leben. Die Jugendlichen traten in frühen Jahren ein, um die in ihrem Körper aufgestaute Kraft loszuwerden, was nur in dieser nächtlichen, verworfenen Aktivität möglich war.

Viele junge Burschen wurden Mitglieder bei Diebesbanden, den ausschweifenden, Abenteuer suchenden *Kindern der Nacht*, von deren Taten sie gehört hatten, und die von der Gesellschaft nicht mißbilligt, sondern sogar bewundert wurden. Vielleicht war dies ein Überrest von Traditionen der Wüstenaraber, die sich in die ägyptische Gesellschaft hinüberretteten und Meuchelmord und Raub als Heldentum und Mut ansahen. Eine Besonderheit dieser *Fatwana* bestand darin, daß sie ihre Beute nicht teilten, denn sie zogen ja nicht aus, um zu stehlen, sondern um etwas zu wagen. Das Diebesgut gehörte der Bande oder man gab es einem Mitglied, das durch höhere Gewalt, zum Beispiel Gefängnis oder Verletzung, nicht dabeisein konnte. Den auf ihn fallenden Anteil erhielt seine Familie, zu der er zurückkehrte, um seine ehrenvolle Tätigkeit wieder aufzunehmen.

Das war ein Gesetz der Diebe. Ein anderes lautete: Männer gegen Männer. Das bedeutete, daß man kein Haus überfiel, in dem es keine Männer gab oder nur alte und hilflose. Der Dieb, der bei einer Witwe oder einem Schwachen einbrach, war ein *stinkender* Dieb, den sowohl seine Kameraden als auch die Dorfbewohner verabscheuten, während die Oberdiebe, welche Häuser von Mächtigen und Reichen überfielen, einen Ehrenplatz einnahmen, und von allen gefürchtet wurden.

Zu den Gesetzen der Diebe gehörte auch die Aufteilung des Dorfes. Jeder einzelne oder jede Bande erhielt einen Einflußbereich; Übergriffe einer anderen Bande waren nicht erlaubt. Wenn sie dennoch geschahen, wurden Beleidigung und Schande mit Blut abgewaschen, anderenfalls verlor der Oberdieb oder die Bande im Dorf und sogar in den umliegenden Dörfern ihre Achtung.

Manchmal forderte der Dieb oder die Bande von einigen Leuten ein Schutzgeld dafür, daß sie von Diebstählen verschont blieben. Wenn nun ein anderer Dieb eine solche Person trotzdem heimsuchte, dann bestahl er im Grunde die Schutzgelderpresser, und dem Bestohlenen wurde auf jeden Fall das Diebesgut ohne Lösegeld erstattet, oder es floß zur Erhaltung der hohen Ehre Blut!

Was das Lösegeld angeht, so hatte es damit folgende Bewandtnis: Aus einem Haus oder von einem Feld wurde etwas gestohlen, entweder Vieh oder Teile von Bewässerungsanlagen, mit denen die Felder nach der Überschwemmungszeit mit Wasser versorgt wurden; in neunzig Prozent der Fälle wußte der Dorfbürgermeister, genauso wie im Falle der zahlreichen Morde, wer der Täter war. Er erhielt nämlich bei allen Eigentumsdelikten eine festgesetzte Geldsumme als Ausgleich für den Schutz, den er den Tätern angedeihen ließ, falls eine Meldung an die Kreispolizei ergehen sollte. Und selten war ein Geschädigter so unerfahren, daß er den Diebstahl an die Kreisstadt melden ließ, denn das hatte immer zur Folge hatte, daß er das Gestohlene nicht wiederbekam.

Üblicherweise wartete man nun, bis es Tag wurde, und das ganze Dorf erfuhr, daß das Haus von *Fulân* oder sein Feld bestohlen worden war. Ein bestimmter Dieb aus dem Dorf oder der Umgebung hatte dies getan, und alle wußten es. Nun besaß jede Bande einen *Qaida*, einen Führer, der die Verteilung der Beute vornahm, ohne selber mit den Dieben an der Aktion teilzunehmen, und der dafür einen festgesetzten Anteil bekam. Der Bestohlene ging also zu diesem *Qaida* und fragte ihn:

„Hast du die Sache?“

Wenn er sie hatte, antwortete er sicher und ruhig mit ja. Wenn er sie nicht hatte, erklärte er dem Geschädigten ganz offen, daß ein anderer *Qaida* die Sache habe oder daß sie unwiederbringlich verloren sei und keine Chance mehr bestehe. Denn oft fürchteten Diebe die direkte Verhaftung nach der Tat und schlachteten das Vieh und verkauften es als Fleisch, oder sie verscherbelten die Beute an eine andere Bande, falls es sich als schwierig erwies, in der Nähe ein Versteck zu finden.

Wenn der *Qaida* aber sagte, er habe die Sache oder sie sei in seinem Bezirk, begann das Feilschen um das Lösegeld, das der Bestohlene entrichten mußte, um das Diebesgut zurückzubekommen. In den meisten Fällen entsprach es der Hälfte des Wertes. Der Vergleich kam dadurch zustande, daß der *Qaida* die geforderte Summe nannte, und der Bestohlene sich über die Härte der Forderung beklagte, wobei er in die Klage einfließen ließ, er sei ein armer Mann und man möge mit ihm Erbarmen haben. Meistens hatte das Feilschen Erfolg, die Höhe des Lösegelds wurde ein wenig gesenkt und er erhielt das Diebesgut zurück. Erreichte er aber nichts, ging er fort und schickte eine andere Person, die mit dem *Qaida* verhandelte und der es manchmal gelang, das Lösegeld zu senken. Der *Qaida* argumentierte immer, daß es eigentlich nicht seine Angelegenheit sei, und er nur als Vermittler fungiere. Die Erwiderung darauf lautete immer:

„Nein, Abu *Fulan*, du bist für alles zuständig, und wir wissen das!"

War man so weit gekommen, erfolgte die Aushändigung des Lösegelds und die Rückgabe des Diebesguts, worauf man sich verlassen konnte, denn die Ehre - was für eine Ehre, bei Gott! - erforderte dies nach dem Gesetz der Diebe.

Nach dieser Transaktion war der Bestohlene vor einem weiteren Besuch sicher, denn die Diebesehre verschmähte es, ein zweites Mal an demselben Ort einzubrechen. Dieser Schutz konnte eingeschränkt oder vollständig sein. Eingeschränkt bedeutete, daß die Bande oder der Dieb die gestohlene Sache nicht noch einmal stahl. Vollständig hieß, daß bei ihm nie wieder eingebrochen wurde, und eine Zuwiderhandlung als Akt gegen die Ehre des Diebes galt.

Wenn der Bestohlene auf die Idee kam, andere, vom Gesetz vorgeschriebene, Wege einzuschlagen, so machte er dem Bürgermeister eine Meldung. Dieser mußte sie auf jeden Fall an die Kreisstadt weitergeben, weil auch er ein Mann von Ehre war. Damit war die Angelegenheit beendet, aber das Diebesgut verloren, und der Bestohlene konnte sich auf einen neuen Diebstahl gefaßt machen, vor dem ihn keiner bewahren konnte, es sei denn, daß jemand im Haus wach blieb oder ihn ein gottesfürchtiger Feldhüter schützte - aber davon gab es nur wenige.

Häuser und Felder wurden nicht immer nur heimgesucht, um etwas daraus zu stehlen, sondern manchmal auch aus Rache. Ein Verbrecher drang in ein Haus ein und schlitzte die Bäuche der Tiere auf oder verletzte die Därme mit einem langen, vergifteten Bratspieß aus Rache am Eigentümer, aber nicht um zu stehlen. Er zerstörte oder verbrannte Teile des Wasserrades oder des Brunnens oder die Scheune oder den Pferch, und alles nur, um sich zu rächen.

Für diese Fälle gab es keine Möglichkeit für ein Lösegeld, sondern es galt meistens: Rache um Rache. Entweder vergalt man die Tat am Haus des Diebes oder an Feld und Vieh - die meisten Diebe hatten Felder und Vieh und natürlich ein Haus im Dorf - oder man plante dessen Tod. Sehr selten wurde die Affäre in der Kreisstadt untersucht; falls erforderlich kamen dann der Staatsanwalt und mit ihm der Gerichtsarzt, aber es führte zu nichts. Die Anwesenheit der richterlichen Autoritäten versetzte das Dorf in höchste Aufregung. Beweisstücke fehlten meist, entweder aus Furcht vor den Tätern oder um sie zu schonen, damit die Betroffenen ihre Rechnung mit ihnen allein begleichen konnten, da sie nicht als zu schwach für die Blutrache erscheinen wollten; denn nur die Schwachen und Alten wandten sich an die Regierung um Hilfe.

Ebenso war es bei den Morden aus Blutrache, die sich immer wieder ereigneten und die von Generation zu Generation weitervererbt wurden. Manchmal wurde ein Mann getötet, der einen kleinen Sohn hatte; seine Mutter und die Dorfbewohner erzählten ihm immer wieder vom Mord an seinem Vater, bis er die Blutrache vorbereitete, kaum daß er dazu in der Lage war. Erst dann veranstaltete man für den Getöteten einen Leichenzug, und seine Familie empfing Beileidswünsche; ohne die Bereitschaft des Sohnes wäre die Familie im Dorf verachtet worden. Vor Durchführung der Blutrache hob sich keine Hand für sie.

In der Regel passierten Mordfälle nur dann, wenn der Bügermeister einige Tage zuvor das Dorf verlassen hatte. Die Leute interpretierten diese Zufälle so, daß es sich um ein offenes Geheimnis handelte, denn jedes Mal war der Bürgermeister für das Verbrechen nicht verantwortlich und auch nicht für das Sammeln von Beweisstücken und Zeugenaussagen, weil er ja einige Tage vorher und nachher nicht anwesend war.

Zwei schreckliche Ereignisse bleiben für immer im Gedächtnis des Jungen haften.

Eines Nachts erwachten seine Tante, ihr Mann und ihre Söhne, denn man hatte dem Vieh die Bäuche aufgeschlitzt, die Därme zerschnitten und den Tieren eine ätzende Flüssigkeit eingeflößt, um sie zu vergiften. Dieses Ereignis zeugte von der abscheulichen Härte eines verfluchten Verbrechers, der sich auf diese erbärmliche Weise an den unschuldigen Tieren rächte, die sich in tödlichem Schmerz wanden.

Der Staatsanwalt erschien, und, soweit sich der Junge erinnert, versuchte der Veterinär alles, um die armen Tiere zu retten. Er hatte nur bei einem kleinen Kalb Erfolg, dem er das Gift aus den Eingeweiden spülte, so daß es überlebte. Die übrigen Tiere verreckten, nachdem sie vor Schmerzen gebrüllt und sich gewunden hatten, was die Umstehenden sehr bewegte.

Bei diesem Vorfall empfanden die Dorfbewohner den Arzt nicht als Quelle von Furcht und Entsetzen, sondern als Prophet des Erbarmens auch für die Tiere.

Das zweite Ereignis hat er nicht mit eigenen Augen gesehen, aber er hat die Geschichte Dutzende von Malen erzählen hören. Das ganze Dorf, Männer, Frauen und Kinder, nahmen daran Anteil. Sein Körper schüttelte sich vor Entsetzen, und dennoch rief er sich das Geschehen immer wieder ins Gedächtnis zurück, und die Phantasie folgte seinen Szenen mit Entsetzen und Abscheu.

Das ist die Geschichte der drei jungen Brüder, von denen einer seine Base heiratete. Später wollte der Onkel, daß er sich von ihr scheiden lasse, aber er weigerte sich, und der Onkel erhob beim religiösen Gericht eine hinterlistige Klage gegen ihn.

Am Sitzungstag ging dieser junge Mann mit seinen beiden Brüdern in die Kreisstadt zum Gericht. Zwischen dem Dorf und der Stadt erstreckten sich grüne Felder; der enge Weg, den die Passanten nahmen, bildete nur eine feine Linie zwischen den hohen Pflanzen, so daß man sich erst aus geringer Entfernung erblickte. Die drei Brüder machten sich früh auf den Weg, denn sie waren arm und besaßen keine Reittiere. Sie legten die Strecke vom Dorf in die Kreisstadt, etwa zehn Kilometer, zu Fuß zurück. Sie mußten auf jeden Fall früher als die

Reitenden aufstehen, um rechtzeitig zum Termin anzukommen. Gerichtstermin war der Sonnenaufgang; hatte das Gericht noch nicht geöffnet, setzte man sich respektvoll vor das Tor, bis man eintreten durfte. Denn am Sichersten war es, Stunden vor der Sitzung dort zu sein.

Der schamlose Onkel wußte das und stand früher als sie auf; ihn begleiteten zwei bewaffnete Meuchelmörder, die er zu dieser Aktion gedungen hatte. Sie lauerten den drei Brüdern an einem entlegenen Teil des Weges auf, wo sie vor den nach ihnen kommenden Passanten sicher waren. Als nun die jungen Leute vorübergingen, stürzten die beiden Verbrecher hervor und stießen ihre Dolche in den Bauch von zwei Brüdern, die wie tot niedersanken. Der dritte sah das und floh. Die Mörder verfolgten den vor Entsetzen Schreienden, aber niemand hörte ihn in diesen grünen Feldern, so daß sie ihn schließlich ergriffen und mit ihm in ein mannshohes Bohnenfeld eindrangen. Dorthin schleiften sie auch die beiden verletzten Brüder, weit weg von dem begangenen Weg. Sie versetzten beiden den Todesstoß, was der dritte Bruder mitansehen mußte und nicht einmal schreien konnte.

Dann kam er an die Reihe. Er flehte seinen bösen Onkel an, Gnade walten zu lassen und sagte zu ihm:

„Warum willst du mich töten, lieber Onkel? Was habe ich dir getan? Genügen dir nicht meine beiden Brüder? Du hast ja schon deinen Nebenbuhler getötet, so laß wenigstens mich frei. Meine Mutter ist allein, und ich muß für sie und deinen Neffen aufkommen, die dein Bruder zurückgelassen hat. Laß mich um Gottes Willen frei, ich verspreche dir, niemandem etwas von dem Vorgefallenen zu sagen, ich beschwöre dich!"

Der meuchelmörderische Onkel hörte jedoch nicht darauf, weil er fürchtete, der Junge könne ihn und seine beiden Helfer verraten, wenn er ihn freiließe. Man sagt, daß der dritte Bruder eine halbe Stunde lang flehte, aber der Onkel ließ sich nicht erweichen. Schließlich gaben ihm die beiden Meuchelmörder den Gnadenstoß.

Die Verbrecher vollbrachten ihre Untat und machten sich davon. Die drei Leichen blieben liegen, und niemand wußte etwas von ihnen, während der Tag verging, und die Brüder nicht zu ihrer wartenden Mutter zurückkehrten. Am zweiten Tag wurde es Morgen und Abend, und die Mutter war in größter Sorge. Am dritten Tag entstand Verdacht, es verbreiteten sich Gerüchte und wogten hin und her, bis sie zum verbrecherischen Onkel gelangten und sich auf seinem widerwärtigen Gesicht niederließen.

Das Auge Gottes übersah die Verbrecher nicht, und ihnen wurde der Prozeß gemacht. Man sagt, daß der Vertreter der Staatsanwaltschaft zeitweise seine Pflicht vergaß und sich von der Hitze der Erregung mitreißen ließ, so daß er wünschte, der vierte Bruder, der noch ein Kind war, würde vor dem Untersuchungsrichter die Gelegenheit ergreifen, auf den barbarischen Onkel loszustürzen und ihn zu töten. Dann hätte er in seinem Untersuchungsbericht geschrieben, jener habe seine Tat im Zustand der Unzurechnungsfähigkeit begangen, denn er habe die Leichen der drei Brüder mit aufgeschlitztem Bauch und zerschnittenen Eingeweiden gesehen, und der ruchlose Verbrecher, der ihm die abscheuliche Untat erneut vor Augen führte, sei in seiner Reichweite gewesen. Der Knabe aber war zu schwach für diesen Versuch.

Vielleicht machte der Staatsanwalt diesen Eindruck auf die dörfliche Einbildungskaft, oder die Dorfbewohner stellten ihn sich angesichts eines scheußlichen, gräßlichen Verbrechens so vor. Sooft der Junge die Geschichte hörte, wünschte er, daß der vierte Bruder sein Messer schliffe und damit den Bauch des bösen Onkels aufschlitzte. Und obwohl er wußte, daß dies nicht geschehen war und niemals geschehen würde, beendete seine Phantasie doch die Geschichte immer mit diesem herbeigesehnten Ende!

Kapitel 9

Beschlagnahmung von Waffen

Pferdegewieher, Waffenlärm und Marschtritte von Soldaten, die das gesamte Gelände bis zu den Feldern besetzt hatten und mit lautem Geschrei durchsuchten, ließen das Dorf erschrocken aus dem Schlaf fahren. Sonst kamen nämlich nicht so viele Soldaten und sie machten auch weniger Lärm.

Zuerst bemerkten diejenigen den Besuch, die mit dem Morgengrauen aufstehen und aufs Feld gehen mußten. Die dort postierten Soldaten ergriffen sie, banden sie mit Stricken und Ketten und machten sie zu ihren Geiseln, damit sie nicht umkehrten, das Dorf benachrichtigten und die Maßnahmen vereitelten, welche die Angriffsmacht den noch schlafenden Bewohnern zugedacht hatte.

Gleiches widerfuhr den Feldhütern in der Dorfumgebung, deren Hände auf den Rücken gedreht und deren Münder zugestopft wurden, damit sie nicht sprechen oder schreien konnten. Dann wurden alle in Eile zum Amtssitz des Bürgermeisters getrieben, den man früh aufgeweckt und dort in ein Zimmer gesperrt hatte. Dorthin brachte man auch die fünf Dorfscheichs, die die Soldaten aus ihren Häusern holten und denen sie das gleiche wie den Feldhütern antaten.

Das ganze Dorf war erschrocken aufgewacht; Pferdegewieher, Waffenlärm und ängstliches Geflüster, das sich in jedes

Haus und jede Gasse schlich, hatte die Bewohner erschreckt und ihre Herzen mit Furcht erfüllt.

Was war denn das?

Das war ein Feldzug von zweihundert Soldaten unter der Führung eines Offiziers zur Beschlagnahme von Waffen. Die Behörden hatten ihn beauftragt, aus allen Dörfern des Kreises die Waffen zu konfiszieren, und er beschloß, es auf diese furchtbare Art und Weise zu tun. Bevor der Bürgermeister oder die Dorfältesten wußten, worum es ging, waren schon Dutzende von Dorfbewohnern und auch die Dorfältesten selbst verhaftet worden. Allen hatte man die Hände mit Stricken gebunden und alle wurden geohrfeigt und mit Fußtritten traktiert, ohne daß sie ahnten, weshalb, außer daß die Obrigkeit da war, von der man dergleichen kannte. Einige von ihnen hatten noch die türkische Herrschaft erlebt.

Normalerweise verhielt es sich so, daß die Behörden einen militärischen Befehl zur Konfiszierung von Waffen erteilten und seine Durchführung den Verwaltungsbeamten übertrugen, die den Auftrag regelmäßig an den Dorfbürgermeister weitergaben. Danach wurde eine Anzahl von Waffen beschlagnahmt, aber immer nur ein kleiner Teil dessen, was tatsächlich vorhanden war.

Um den Hintergrund der Situation zu erfassen, muß man wissen, daß es im Dorf zwei Gruppen von Leuten gab, die über Waffen verfügten. Die einen waren die Bauern und deren private Feldhüter, die nachts den Besitz gegen Diebe schützten; die anderen waren die vielen Diebe, die dieses Handwerk – trotz der dabei lauernden Gefahren – für einen sichereren Lebensunterhalt hielten als die drückende Arbeit auf den Feldern.

Weniger Waffen zu besitzen bedeutete für die Feld- und Vieheigentümer, daß mehr Eigentumsdelikte verübt und ihre

Häuser, Felder und Tiere häufiger überfallen wurden. Wenn dagegen die Diebe über weniger Waffen verfügten, wurden sie ihres Lebensunterhalts, den sie in diesem Leben gewählt hatten, beraubt. Beide Gruppen waren also bestrebt, bewaffnet zu sein. Und da der Bürgermeister die Mitglieder der zweiten Gruppe sowohl fürchtete, als auch einen privaten Vorteil aus ihrer Existenz zog, bedeutete das Einziehen von Waffen mit ziemlicher Sicherheit, daß es einen Bauern betraf.

Die Angelegenheiten im Dorf wurden weder mit Gewalt noch gemäß offizieller Anordnungen geregelt, sondern nach herkömmlichen Konventionen. Der Bürgermeister wußte genau, wieviele und welche Waffen sich in jedem Haus befanden. Und wenn die Regierung deren Einsammeln anordnete, einigte er sich mit den Waffenbesitzern darauf, nur die alten Exemplare abzugeben; und damit die Sache nicht zu auffällig wurde, verschönerten einige neue Stücke die Sammlung; das Ganze wurde dann als das Äußerste, was der Bürgermeister konfiszieren konnte, den Behörden übergeben.

Es versteht sich von selbst, daß der glatte Verlauf dieser Angelegenheit nicht kostenlos war, denn auf dem Land hatte jede Sache ihren Preis und jede Dienstleistung ihren Gegenwert. Und wenn die Obrigkeit zur Durchführung ihrer Forderung eine Streitmacht mit einem Offizier an der Spitze entsandte, dann wandte man sich an den Bürgermeister und führte alles nach dessen Rat durch. Eine üppige Mahlzeit mit Gänsen, Hühnern und Tauben war, zusammen mit anderen Maßnahmen, eine Garantie für die Lösung jedes Problems und die Beseitigung von Gefahren, wie man es nicht besser wünschen konnte.

Aber dieses andere, außergewöhnliche Vorgehen war dem Gehirn jenes Offiziers entsprungen, der im Auftrag der Behörden wirklich alle Waffen aus sämtlichen Dörfern des Kreises einziehen sollte, und damit hatte er das ganze Dorf in tiefe Dunkelheit in Schrecken versetzt.

Wir kehren zu den fünf Dorfältesten zurück, deren Hände auf den Rücken gedreht und deren Gesichter gegen die Wand gepreßt worden waren, ohne daß sie wußten, was die Regierung von ihnen wollte. Gewöhnlich forderte die Obrigkeit sie von Zeit zu Zeit auf, Zwangsarbeiter zum Ausbessern von Brücken oder zur Raupen- und Heuschreckenvernichtung auf großen Gütern zu stellen, ohne daß diese dafür eine Entlohnung bekamen, denn die ging - wenn eine solche überhaupt vorgesehen war - in die Taschen anderer. Die Fingerabdrücke der Leute wurden zwar auf Papiere abgenommen, aber keiner wußte wozu. Dann durften sie wieder in ihr Dorf zurück - und sie taten nichts lieber als das, mußten sie sich zur Zwangsarbeit doch sogar ihre Mahlzeiten mitbringen.

Dieses Mal erklärte ihnen niemand, was von ihnen gefordert wurde, aber die Peitschen in den Händen der Soldaten, die auf ihre Rücken niedersausten, sagten ihnen klar und deutlich, daß es heute nicht so wie sonst zuging, daß es sich vielmehr um eine schmerzende Strafe handelte, gegen die sie sich nicht wehren konnten, weil sie gefangen waren.

Dann pfiffen Gewehrkugeln über die Köpfe der gefesselten Feldhüter und derjenigen Dorfbewohner, die man in der Umgebung des Dorfes und auf den Feldwegen wahllos eingefangen hatte, bis sich der Hof des Bürgermeisters mit ihnen anfüllte.

Die Kugeln sollten die Leute gefügig machen und einschüchtern; und während sie noch wie betäubt waren, befahl man jedem Dorfältesten, einem Sergeanten die Namen von zweihundert waffenbesitzenden Familienoberhäuptern zu diktieren und den Typ der Waffen anzugeben. Und mit dem Verstand, der ihnen noch geblieben war, rasselten sie die Namen herunter; sooft einer von ihnen ein klein wenig innehielt, um sich zu erinnern, sauste ihm die Peitsche auf Rücken und Flanken. Dadurch erhöhte sich die Schnelligkeit der Aufzählung, und er diktierte die Namen wie ein Verrückter.

Die Aktion war zu Ende, und jeder Sergeant besaß eine Liste mit zweihundert waffenbesitzenden Familien, und vor jedem Namen die genaue Typenbezeichnung der Waffe.

Wir brauchen nicht zu sagen, wie die Übereinstimmung der Listen mit der Wirklichkeit aussah. Denn die steifgewordenen, ausgepeitschten, durch die über ihren Kopf fliegenden Kugeln vom Tod bedrohten Dorfältesten konnten in diesem Zustand nicht überlegt handeln. Dennoch läßt sich nicht bestreiten, daß kein Name eines gefürchteten Kriminellen auf dieser Liste erschien. Und wenn einer dastand, war es der Name eines kleinen Bösewichts, der im Dorf keine Parteigänger und keinen Einfluß hatte.

Diese Phase war abgeschlossen, und die erschöpften Dorfältesten keuchten schwer. Der Bürgermeister aber hatte sich und seine Ehre von Anfang an verkauft, er war immun. Er sah das rote Auge der Gefahr und wandte ein sicheres Mittel an, um die Obrigkeit zufriedenzustellen, wozu ihn eine lange Erfahrung, praktische Schläue und die Beherrschung aller Mittel und Wege befähigten.

Dann begann die zweite Phase. Die an den Händen gefesselten Feldhüter gingen mit den Soldaten los, um ihnen die Häuser zu zeigen, deren Familienoberhäupter man sprechen wollte. Es sollte immer das älteste Familienmitglied erscheinen, und sobald eine Gruppe von ihnen beisammen war, führte man sie zum Haus des Bürgermeisters, wo man sie so traktierte wie die Dorfältesten und Feldhüter zuvor.

Nachdem die Soldaten ihre Lust an Schlägen, Einschüchterungen und Beleidigungen gestillt hatten, forderten sie die Waffen, die auf den Listen verzeichnet waren. Und wenn die dort aufgeführten Waffen zufällig mit denen übereinstimmten, welche die Familie besaß, gab das Familienoberhaupt dies sehr erleichtert zu und bat um Erlaubnis, die Waffen holen zu dürfen. Dieser Bitte kam man jedoch nicht nach, sondern schickte nach einem seiner Söhne, der den Vater in diesem Zustand sehen mußte. Dann bekam er einige Ohrfeigen und Faustschläge und den Befehl, die geforderten Waffen herbeizuschaffen. Er rannte, sie zu holen; stimmten die abgegebenen Waffen mit der Liste überein, wurden Vater und Sohn freigelassen. Sie gingen betäubt von Angst hinaus und wußten wegen der vielen Fausthiebe und Ohrfeigen nicht, ob es Tag oder Nacht war. Ihre Familien bemühten sich, die Wunden und blutunterlaufenen Stellen mit Öl und Salben zu heilen.

Aber wenn die Listen nicht mit dem Waffenbestand der Familie übereinstimmten oder sie überhaupt keine Waffen besaß, dann wehe und ach über das Familienoberhaupt. Er wurde niedergepeitscht, getreten und geschlagen, solange er leugnete oder andere Waffen als die geforderten gestand. Im letzten Fall brachte er die, welche er besaß. Man beharrte aber trotzdem auf den Waffen, die der eingeschüchterte Dorfälteste diktiert hatte. Der Arme war nun gezwungen, das einzugestehen, was er nicht besaß, und um eine Frist nachzusuchen, damit er die Waffe aus einem entfernten Versteck holen könne. Unterdessen versuchten seine Söhne und Verwandten, die auf der Liste stehenden Waffen zu kaufen, wo immer sie sie auftreiben konnten. Und wenn sie im Dorf keine fanden, bestiegen sie ihre schnellsten Reittiere und erwarben sie in den umliegenden Dörfern. Die Wachsoldaten erlaubten ihnen, das

Dorf zu verlassen, da sie sich ja auf den Weg machten, um die bei ihren Verwandten deponierten Waffen zu holen. Die Soldaten hatten keine Bedenken, weil die Armee das Familienoberhaupt als Geisel hielt und solange bestrafte, wie die Familienmitglieder abwesend sein würden.

Und wenn sie das geforderte Stück gefunden hatten, bezahlten sie die Summe, die sein Besitzer verlangte, so hoch sie auch sein mochte. Viele Waffenbesitzer nutzten die Gelegenheit aus und verkauften zu überteuerten Preisen. Es gab aber auch viele, die bei der Rettung der Bedrückten ihre Großmut zeigten und nur wenig Geld verlangten.

Da lächelte der schlaue Offizier, als die geforderten Waffen trotz anfänglichen Leugnens gebracht wurden, was er auf seine ungewöhnliche Genialität und angemessene Methode zurückführte. Am Ende des Tages sortierte man die konfiszierten Waffen in verschiedene Haufen: Gewehre, Pistolen, Revolver, Schwerter, große Messer, Äxte und Lanzen. Und der große Offizier betrachtete, aufgeplustert wie ein Gockel, zufrieden seinen Triumpf, den er über die verfluchten Dorfbewohner errungen hatte.

In jedem Dorfhaus herrschte stumme Klage. Dieser hatte eine Kopfwunde, jener zerquetschte Rippen, wieder ein anderer eine brennende Haut und noch ein anderer eine verletzte Kinnlade. Frauen und Kinder brachten Öl sowie Kompressen mit kaltem und warmem Wasser und leisteten den Verletzten Erste Hilfe. Viele Dorfbewohner mußten ihr Vieh, das Essen für ihre Kinder und den Schmuck ihrer Frauen verkaufen, um die Waffen zu erwerben, die sie angeblich besaßen, während sie in Wirklichkeit noch nie eine Waffe getragen hatten.

Das betraf die Armen, mit denen die Dorfältesten die Listen aufgefüllt hatten. Sie waren dabei vor Vergeltung sicher, denn die Armen besaßen keine Macht wie die Verbrecher und keine angesehene Stellung wie die Reichen.

Seit jenem Ereignis ist mehr als ein Vierteljahrhundert vergangen. Der Junge erinnert sich noch daran, als sei es erst gestern geschehen. Diese Gewalttätigkeit hatte jedes Kind, jeden Mann und jede Frau erschreckt.

Im Lauf der Jahre hörte er, daß dieser böse Offizier Karriere gemacht und man ihn zum stellvertretenden Direktor der Staatssicherheit befördert hatte in Anerkennung seiner Fähigkeiten bei der Wahrung von Sicherheit und Ordnung. Der Junge aber war darüber tief traurig. Danach hörte er, daß dieser Offizier während einer seiner abscheulichen Aktionen den Tod gefunden hatte. Und er fühlte, wie ein schwerer Alp von seiner Brust wich und seufzte erleichtert auf.

Kapitel 10

Die Erntezeit

Es gab drei Jahreszeiten: *Luq*, die Erntezeit und die Baumwollernte. Von Jahreszeit zu Jahreszeit änderte das Dorf sein Aussehen, und der Junge und die übrigen Kinder erwarteten diese Veränderungen immer wieder und wurden von einem neuen Lebensgefühl erfüllt.

Die zweite und dritte Jahreszeit kennen alle, die erste aber nur die Bewohner des Überschwemmungslandes, jener Gebiete, die während des ganzen Jahres trockenliegen außer im September und Oktober, wenn Hochwasser das gesamte bebaubare Land bedeckt.[14] Das Wasser ist einen Meter tief, an einigen Stellen aber auch zwei und mehr. Dann werden die Dörfer inmitten der Wasserfluten zu Inseln und haben untereinander nur *durch kleine Schiffe und leichte Nachen* Verbindung, wie *Amr ibn al-As* in seinem Sendschreiben sagte, das der Junge in der Grundschule auswendig gelernt hatte. Und das, was er jedes Jahr sah, bot den Beweis dafür.

Und wirklich war der Anblick der Flut, die sich von den beiden Hügelketten im Osten und Westen, welche die Leute Berge nannten, erstreckte, zauberhaft und einmalig. Das ganze Niltal verwandelte sich in eine einzige Wasserfläche, in der sich der Nil von seiner Fessel freimachte. Er überflutete die Barriere seiner Uferdämme, um die geliebte Erde zu umarmen, die er einmal im Jahr besuchte.

Wenn die Zeit des Abschiednehmens kam, wich die Flut von Tag zu Tag zurück; die Leute blickten voller Bedauern auf den Nil, als ob sie Lebewohl sagten. Einmal, als die hohen Wogen sich gelegt hatten und er matt und kraftlos dahinfloß, hörte der Junge einen einfachen Dorfbewohner sagen, während der betrübt den fallenden Nil betrachtete:

„Der Arme, es ist aus mit ihm."

Der Mann sagte dies so, als spreche er von einem lebenden Menschen, einem Verwandten oder Freund.

Zu einer bestimmten Zeit zog sich also die Flut im Dorf zurück und schwarze Erde wurde sichtbar, in der sich jene braune Lehmschicht befand, die das Gold des Niltals auf ausgedehnten Flächen wachsen ließ. Die Erde verlangte nach Samenkörnern, um für Menschen und Vieh Nahrung für das kommende Jahr hervorzubringen. Und die Bauern zogen hinaus, warfen sich den Sack voller Samenkörner über die Schulter, betraten die neue Erde und säten; dann nahmen sie einen Spaten, *Lauh* genannt, und bedeckten die Saat mit Lehm. Das war die *Luq* genannte Tätigkeit, eine der drei Jahreszeiten in den Überschwemmungsdörfern.

Die Ackerfläche des Dorfes war zu groß für die Zahl der Einwohner, die sie hätten bearbeiten können, denn es handelte sich um ein vergleichsweise reiches Dorf. Es gab aber keinen Großgrundbesitz wie in anderen Gegenden, hatte die größte landwirtschaftliche Fläche doch nicht mehr als 200 *Faddân*; fast alle Einzelpersonen oder Familien besaßen ein mehr oder weniger großes Stück Land.

Die Verteilung des Bodens spiegelte die soziale Gliederung des Dorfes wider. Die gegenseitigen Beziehungen waren von Stolz geprägt; Diener wie in der Stadt oder auf etlichen Latifundien, wo sie wie Sklaven lebten, kannte man nicht. Im Dorf war der Diener ein Armer, der arbeiten gehen mußte; er benutzte aber nicht den verachteten Ausdruck *mein Herr*, sondern nannte den Bauern *mein Onkel* und die Bäuerin *Ehefrau meines Onkels*. Den ganzen Tag arbeitete er im Haus, auf dem Feld oder beim Vieh und kehrte bei Anbruch der Nacht zu seiner Familie zurück, wie dies ein normaler Bauer auch tat.

Jede Familie besaß ein eigenes Haus, mochte es klein oder groß sein. Lehmhütten kannte man im Dorf nicht. Mehr als die Hälfte der Dorfhäuser bestand aus gebrannten Ziegeln, die übrigen aus ungebrannten. Die meisten Häuser besaßen zwei oder mehr Stockwerke, einige sogar vier. Nur selten waren die Häuser, eingeschossig.

Im Vergleich zu vielen anderen Gegenden war der Wohlstand hoch, abhängig von der Größe des landwirtschaftlichen Besitzes. Die ärmste Familie konnte alle zwei Wochen Fleisch essen, meistens sogar jede Woche. Und wer sich kein Fleisch leisten konnte, nahm andere Stücke wie Kutteln, Füße, Köpfe, Herzen, Leber und dergleichen, was viel weniger kostete als Muskelfleisch. Ebenso aß man in allen Häusern Butterschmalz, das manche noch mit Fett mischten, während sehr wenige Christen im Dorf es zusammen mit Öl verwendeten, das ohnehin ins Essen kam.

Wasser- und Zuckermelonen, Datteln, Granatäpfel, Lotosfrüchte, Schlangengurken, Gurken, Guaven, einheimische Äpfel und Zuckerrohr wurden mal mehr, mal weniger in allen Häusern verzehrt.

Das Dorf war, verglichen mit den umliegenden Ortschaften, für seinen Reichtum, seine modernen Häuser und die Reinlichkeit der Bewohner bekannt, auch wenn diese Sauberkeit in den Augen eines Städters eher als unangenehmer Schmutz erschien, aber alle Dinge in diesem Leben sind relativ.

Die Arbeitskräfte reichten, wie gesagt, für die anfallende Arbeit nicht aus, besonders nicht in den oben erwähnten drei Jahreszeiten. Deswegen erschienen jedes Jahr Scharen von *Ghurba*, Fremdlingen, als Saisonarbeiter. Diese Fremdlinge kamen aus entfernten, abgelegenen Provinzen, nämlch aus Qina und Assuan, aus öden Dörfern dieser Gegenden, wo das Flußtal sich verengt, und die beiden Bergketten es schroff und hart zusammenschnüren. Es gab in jenen schmalen Landstrichen nur wenig Großgrundbesitz; die meisten Bauern mußten Dürre, Unfruchtbarkeit und Elend ertragen.

Durch diese Wanderarbeiter wurde den Dorfbewohnern der Wert ihres Reichtums und die Größe der Gnade, die Gott ihnen erwies, bewußt. Es waren Fremde nicht auf Grund ihrer weit entfernten Heimat, sondern durch ihr Äußeres, das sich von dem der Dorfbewohner unterschied, durch ihre Kleidung, wenn man diese überhaupt als solche bezeichnen durfte, ihre Sprache, die sehr deutlich abwich, ihre Lieder voller Traurigkeit und Rührung und durch alle übrigen Lebensumstände. Gemeinsam war einzig die Religion.

Sie kamen in Gruppen, *Kalla* genannt. An ihrer Spitze stand ein Chef, der ihnen die Arbeit beschaffte, die Löhne aushandelte, die Arbeit überwachte und dafür genau wie sie seinen Lohn erhielt, ohne jedoch wie sie zu arbeiten.

Unser Junge stand zu einer dieser *Kallas* und besonders ihrem Anführer in einem vertrauten Verhältnis, kam doch diese *Kalla* zu jeder Jahreszeit in sein Haus. Die Zahl der Mitglieder schwankte zwischen zehn und fünfzehn. Das war die Stammkalla, die der Vater in seiner Landwirtschaft dringend benötigte; in den Tagen hohen Arbeitsanfalls stellte er für einige Tage einige neue *Kallas* an, danach arbeitete die Hauskalla während der Saison wieder allein. Zwischen dieser

Gruppe und dem Haus hatten sich zu ihrer gegenseitigen Zufriedenheit Bande geknüpft, die man fast familiär nennen konnte.

Die traurigen und bitteren Lieder dieser Leute besangen Mannhaftigkeit und Schönheit; sie erregten die Seele und die Empfindungen des kleinen Jungen, der ihnen wie verzaubert lauschte. In seiner jungen Seele weckten sie Gefühle, die er nicht verstand und auch gar nicht auszudrücken versuchte. Jedes Jahr erwartete er voller Sehnsucht die Wanderarbeiter, und wenn sie vor Müdigkeit und Erschöpfung schweigend dasaßen, bat er sie, ihm noch mehr Lieder vorzusingen, und jedes Mal kamen sie seiner Bitte nach, denn er war der kleine Sohn des Hausherrn. Außerdem war er der Freund eines jeden von ihnen, insbesondere ihres Anführers, liefen doch all ihre Wünsche an seine Familie über ihn. Er bemühte sich sehr darum, daß man all ihre Bitten erfüllte, und wenn jemand Einspruch erhob, setzte er sich umso mehr ein und verspürte dabei äußerstes Wohlbehagen. Er brachte ihnen, was sie vom Haus erbaten; entsprach man den Bitten seiner großen Freunde, erschien ihm die Welt nicht weit genug für seine Freude. Dazu war er ihr Privatsekretär, nachdem er in der Schule Lesen und Schreiben gelernt hatte und für sie Briefe in ihr entferntes Dorf schreiben und die Antwortbriefe vorlesen konnte, die von ihren Kindern und Familien berichteten.

Dadurch vertiefte sich die Freundschaft; all ihre Geheimnisse - es waren nur einfache, eng umgrenzte - lagen offen vor ihm; ihn zogen sie bei ihren Briefen ins Vertrauen. Vielleicht lag es an seiner unschuldsvollen Kindheit, daß sie sich ihm in privaten Dingen mitteilten.

Die zehn, zwölf oder fünfzehn Mitglieder der Gruppe taten sich zusammen und schickten einen Brief nebst einer Vollmacht an den Scheich Muhammad Abu 'Ullaim, den Bürgermeister von al-Kalh al-Gharbiya. In den Ohren des Jungen klangen diese Namen seltsam, aber das hatte nichts zu sagen, da sie Fremde waren und alles fremd war, was mit ihnen zusammenhing.

Sie legten das Geld zusammen und baten den Jungen, eine Liste mit ihren Namen zu schreiben und davor den Betrag, den sie überweisen wollten. Dann kaufte er ihnen eine Postanweisung für den Gesamtbetrag und trug den Namen von Scheich Muhammad ein, der die Beträge nach der Liste an die Familien verteilen sollte. Der Junge kann sich nicht erinnern, daß der angesparte, gemeinsame Betrag jemals mehr als zwei *Pfund* betragen hätte.

Einer von ihnen schickte seiner Familie acht *Piaster* oder zehn oder höchstens zwanzig; er strahlte über das ganze Gesicht im Gefühl, daß er seiner Famlie das Leben erleichterte und den Mangel linderte, und daß er vielleicht einen Fehler gutmachen könne. Einmal überkam es den Jungen zu fragen:

„Soll das alles sein? Was bewirken diese *Piaster*?"

Auf den Gesichtern der Leute erschien ein Lächeln, Ausdruck des geduldigen Ertragens ihres elenden Zustandes und der naiven Fröhlichkeit. Dann antwortete ihm einer in seinem oberägyptischen Dialekt:

„Oho, was denkst denn du, Väterchen? Glaubst du, daß alle so wie du und dein wohlhabender Vater sind?"

Sie wollten eigentlich *reicher Vater* sagen, aber sie benutzten statt *reich* das Wort *wohlhabend*, weil das die Bedeutung besser traf. Aber weder in ihren Augen noch in ihrer Sprache lag eine Spur von Neid oder Haß auf diese schrecklichen Klassenunterschiede, die sie mit ihren einfachen Worten ansprachen.

Was die Entlohnung angeht, so verdiente ein Arbeiter pro

Tag zwischen zwei und zweieinhalb Piastern, abhängig von Angebot und Nachfrage auf dem Arbeitsmarkt. Zusätzlich wurden sie beherbergt und bekamen eine Mahlzeit, in der Regel das Abendessen.

Vom Haus erhielten sie die Abendmahlzeit immer, die anderen Mahlzeiten manchmal. Das Abendessen bestand meistens aus *Tarid* und Fleisch. Dieses *Tarid* wurde entweder aus einer weißen Brühe gemacht oder einer Brühe aus reifen Zwiebeln und *Kishk* mit Brot. Es war eine fette, nahrhafte, schmackhafte Mahlzeit, deren Qualität sich von Familie zu Familie unterschied. Im Dorf behandelte man die Wanderarbeiter meistens so, als seien sie fremde Gäste, wie dies der Prophet den Gläubigen empfohlen hatte.

Einige Familien gaben den Fremden ein Frühstück, besonders in der *Luq*-Saison. Denn die Arbeit im Lehm, wenn die Arbeiter bis zu den Knien in der Erde standen, zwei *Kaila* Saatgut auf ihrer Schulter trugen und dazu noch den Lehm mit dem Spaten umgruben, um die Saatkörner zu bedecken, und das alles während eines langen Tages – eine solche Arbeit war nur mit einer nahrhaften Mahlzeit möglich. Dieses Frühstück bestand meistens aus Weizenbrot mit getrockneten Datteln und Zwiebeln oder aus einem besonderen Gebäck, *Muhammar* genannt, einem Teig aus Weizenmehl, Butterschmalz und Milch. Hier handelte es sich um eine ergänzende Mahlzeit zu Brot und getrockneten Datteln, die es aber nur in gastfreundlichen Häusern gab.

Unser Junge bemühte sich, morgens früh aufzustehen, für die *Kalla* so viel *Muhammar* wie möglich zu beschaffen und unbemerkt in seine Taschen und Kleider verschwinden zu lassen. Dann brachte er ihnen diese Stücke zusätzlich zu dem Anteil, den sie ohnehin bekamen.

Für das Mittagessen mußten die Arbeiter meistens selber sorgen; sie aßen das harte, trockene Brot, das sie aus ihrer weitentfernten Heimat in Beuteln aus grobem Sackleinen oder in ihren alten *Galabiyas*, deren Ärmel zugebunden und somit zu Vorratsbehältern für Wegzehrung geworden waren, mitgebracht hatten.

Sie verzehrten dieses Brot oder kauften welches, zusammen mit Zwiebeln und Salz oder nur mit Salz, im Dorf.

Wo konnten sie dies im Dorf tun? Verkauf von Brot war dort nicht üblich, es galt vielmehr als größte Schande. In jedem Haus gab es einen ortsüblichen Backofen. Jede Familie kaufte das Korn – meistens Hirse –, siebte es durch kleine Handsiebe und reinigte und mahlte es selbst, wozu sich die Frauen des Hauses mit ihren Nachbarinnen trafen. Eine Gruppe säuberte das Korn von festen Bestandteilen, eine andere übernahm die Feinreinigung. Diesen Tag beging man festlich in der Familie zusammen mit den mithelfenden Nachbarinnen. Dann wurde gemahlen, und aus diesem Mehl das Brot gebacken, nachdem man etwas geriebenen Bockshornklee hinzugefügt hatte, damit es besser zusammenhielt und den gewünschten Geschmack bekam. Deshalb brauchte man keinen Brotmarkt, weil niemand außer den Fremden dort einkaufen würde. Hätten die Saisonarbeiter in den Häusern um Brot gebeten, hätte man es ihnen gegeben. Heute wird es nicht mehr als unschicklich angesehen, Brot zu kaufen und zu verkaufen, wie es in der als Vorbild geltenden nahen Kreisstadt längst üblich ist.

Obwohl auf dem Markt kein Brot verkauft wurde, so galt es doch als eine anerkannte Währung. Im Dorf waren nicht nur Banknoten, Geldscheine, Silber- und Scheidemünzen Zahlungsmittel, sondern auch *Battau*, Brot aus reiner Hirse oder aus Hirse gemischt mit Weizen, im Unterschied zum Brot aus reinem Weizen, das *Raghif* hieß, auch wenn es manchmal nach der Art des *Battau* hergestellt wurde.

Und wenn die Kinder aus den Häusern der Armen oder nicht ganz so Armen kein Geld bekamen, um ihre täglichen Ausgaben zu bestreiten, so bedeutete dies nicht, daß sie sich nichts leisten konnten, war dieses Hirsebrot doch eine kleine, auf dem Markt anerkannte Währung. Das Kind nahm ein Hirsebrot, lief auf den kleinen Markt und kaufte damit einige Vierer-Bündel Datteln, einen Granatapfel oder Lotosfrüchte, ein Stück Zuckerrohr oder andere Früchte, die es gern aß. Auch für den Verkäufer von Lupinenkernen und *Balila* - mit Wasser und Salz angefeuchtetem Weizen - war der *Battau* eine Währung, dessen Wert nach dem aktuellen Kornpreis, nach seiner Größe, dem Mischungsverhältnis und ebenso nach der Güte seiner Herstellung bemessen wurde. Der *Battau* aus einigen Häusern genoß ein besonderes Ansehen wie das Geld einiger Staaten, dessen Wert garantiert ist. Auf dem Markt hatte der *Battau* seinen Stellenwert; die Verkäufer nahmen ihn gern und boten dafür eine verlockende Menge billiger Waren an.

Auf dem Dorfmarkt war der *Battau* nicht die einzige zusätzliche Währung, denn es gab da noch andere wie Getreide, Kleie und Dung von Hühnern oder Tauben; mit all dem füllte der Junge seine Tasche, Baumwollmütze oder ein Gefäß und tauschte dafür bestimmte Mengen an Früchten, Zwiebeln, Rettich und andere Waren. Nicht nur die Kinder handelten mit dieser Währung, sondern auch die Erwachsenen, besonders beim Kauf kleiner Dinge; Münzgeld spielte im Dorf eine untergeordnete Rolle. Von diesem Brot, das sich bei den Händlern ansammelte, kauften die Fremden. Hätten sie Brot vom Dorf erbeten, wäre es ihnen kostenlos gegeben worden, aber dieses Bitten und Betteln, nein, sie waren keine Bittsteller und Bettler, sie waren Leute von Stolz und Ehrgefühl!

Dann trat das Ereignis ein, das unser Junge niemals vergessen wird, solange er lebt.

Seine Familie versorgte die *Kalla* mit Essen. Es war Aufgabe der Mutter, es zu kochen, ebenso wie sie für das Essen der Familie sorgte, würde Gott es doch vergelten, wenn sie die Mahlzeit der Fremden mit eigener Hand zubereitete. Der Vater kaufte das Fleisch persönlich in den Metzgerläden und zwar in gleicher Qualität wie das für die Familie. Denn die Schlachter nutzten die Gelegenheit, ausgemergelte und alte Tiere zu schlachten, wobei sie mit den Preisen ein wenig heruntergingen, so daß die Fremden keine Fleischsorte fanden, die nicht minderwertig gewesen wäre. Von allen Lebensmitteln, vom Brot und Fleisch bis zur Zukost, bekam die *Kalla* reichlich.

Deswegen überraschte es den Vater, als der Anführer der *Kalla* ihn aufsuchte und bat, ihnen zu erlauben, das Abendessen auf eigene Rechnung zu bereiten; als Ausgleich sollte ihr Lohn um einen halben Piaster erhöht werden.

Einen halben Piaster? War dieses Abendessen in ihren Augen nur einen halben Piaster wert? Er wurde zornig, weil sie seine Gastfreundschaft geringschätzten; aber der Anführer versuchte sich zu rechtfertigen und sagte, daß ihnen und ihren Familien Geld wichtiger sei, und was die Mahlzeiten angehe, so sei jedes Essen eine Mahlzeit.

Trotzdem blieb der Vater zornig; er beendete die Diskussion und nahm den Vorschlag an, ohne etwas zu sagen.

Während der kommenden vier Tage aß die *Kalla* außerhalb des Hauses, die Leute kamen erst zum Schlafen wieder herein, ohne daß die Familie wußte, wie sie sich ernährten. Am fünften Tag brachen sie sehr früh auf, um die Arbeit auf einem Feld zu beenden, damit sie am nächsten Morgen auf einem neuen Feld beginnen konnten.

An diesem Tag bat die *Kalla* durch ihren Freund, den Jungen, um ein Kupfergefäß zum Kochen der *Halla*; ihrer Bitte wurde entsprochen. Dann baten sie um Erlaubnis, den *Kanun* im Untergeschoß des Hauses benutzen zu dürfen, und auch das wurde gestattet. Dieser *Kanun* bestand aus drei Wänden ungebrannter Ziegel, während die vierte Seite offen blieb. Das Kupfergefäß wurde auf drei Füße gestellt, das Brennmaterial von der offenen Seite eingeschoben und angezündet, bis das Essen gargekocht oder das Wasser erhitzt war. Kohle und Petroleum wurden im Dorf wenig benutzt; es herrschte die allgemeine Überzeugung vor, daß Essen, das man langsam mit Hilfe von Viehdung, Maisstroh und Baumwollzweigen kochte, besser sei als Essen, das man schnell mit Petroleum garte.

Die Leute zündeten das Feuer an und gossen Wasser in das Gefäß; dann erbaten sie etwas getrocknetes Muskraut und etwas Salz, und sie bekamen es.

Die Hausbewohner zweifelten nicht daran, daß die Leute Fleisch, Butterschmalz, etwas Zwiebeln oder Knoblauch besorgt hatten, sonst hätten sie ihnen Butterschmalz, etwas Zwiebeln oder Knoblauch gegeben. Aber was war das?

Das Wasser kochte, sie warfen Salz und Muskraut hinein, und dann ergriff einer von ihnen einen trockenen Maisstengel, schälte den Bast ab und rührte damit das Gericht eine kleine Weile um; danach nahm er es vom Feuer, und alle langten eifrig mit kleinen Tongefäßen, die *Miqlaya* genannt wurden, in den großen Kupfertopf hinein. Einige tranken diese Muskrautbrühe mit offensichtlichem Heißhunger, andere hielten ihr Gefäß schräg, krümelten das harte, trockene Brot hinein und nahmen es in großer Gier wieder heraus.

Der Junge wollte seinen Augen nicht trauen: Da gab es also Leute, die Mahlzeiten ohne Fleisch, Butterschmalz, Knoblauch, Zwiebeln und sogar ohne Pepperoni essen konnten und das Ganze mit großem Appetit verschlangen. Er rannte in den zweiten Stock, wo sich der Vater, die Mutter und die beiden Schwestern befanden und berichtete ihnen davon, als erzählte er ein Märchen, das man nicht für wahr halten konnte. Und sie hielten es wirklich für ein Märchen, niemand zweifelte daran, daß er einen großen Scherz machte. Er beschwor sie, daß er die Wahrheit sagte. Sie fragten ihn noch einmal: Vielleicht hatte er ja nicht auf das Fleisch und das Butterfett geachtet; vielleicht bereiteten die Leute ihr Essen nach einer anderen Methode zu, und er hatte nicht gemerkt, daß die Zutaten bereits hinzugefügt worden waren. Er aber hatte sich nicht getäuscht. Er bat den Vater, ihn zu begleiten, um sich in seiner Gegenwart zu vergewissern. Obwohl der Vater ein ernster und gelassener Mann war, erregte ihn doch die Ungewöhnlichkeit des Ereignisses, und er folgte dem Jungen, der hurtig vor ihm die Treppe hinuntereilte, um diese wichtige Sache zu überprüfen.

Der Vater erfuhr nun, daß es sich wirklich so verhielt und schlug vor Erstaunen und Verwirrung die Hände über dem Kopf zusammen. Er teilte den Leuten mit, daß sie ab morgen das Essen wieder im Haus einnehmen würden und den halben Piaster trotzdem bekämen. Da erhoben sich ihre Stimmen zum Gebet, und ihre Handflächen richteten sich empor zum Lob für diesen äußerst freigebigen Mann. Der Vater entfernte sich, bevor die Leute ihre Segenswünsche aussprechen konnten: Glück und langes Leben für ihn und Gesundheit für seinen Sohn und die übrige Familie.

Der Junge aber blieb. Die Situation seiner Freunde bedrückte ihn, und er wollte unbedingt mehr über ihr Leben erfahren. Bisher hatte er seine Neugier zurückgehalten und keine weiteren Fragen gestellt, wenn sie ihre kleinen Beträge abschickten; hatten sie ihm doch neulich die einzig passende Antwort gegeben.

In dieser Nacht erfuhr er viele Dinge. Er erfuhr, daß die Leute, außer jedes Jahr beim Opferfest, kaum Fleisch aßen, daß sie Butterfett nicht kannten und stattdessen Öl - vor allem Lattichöl, das in ihrer Gegend recht häufig vorkam - für ihre Speisen nahmen; daß Weizen ein ihnen unbekanntes Getreide war und daß es genügend Hirse gab, so Gott sich ihrer erbarmte und ihnen das harte Hirsebrot schenkte, von dem sie jetzt aßen. Und er erfuhr, daß Zucker nur in den Häusern Reicher gegessen wurde, wie bei diesem Scheich Muhammad Abu 'Ullaim, dem sie ihr Geld und ihre Familien während der langen Abwesenheit anvertrauten. Der Scheich, so hatten sie gehört, war so reich und die Gnade Gottes ihm gegenüber so groß, daß er jeden Monat einen ganzen Zuckerhut verbrauchte, der den Kaffee der zahlreichen Gäste süßte, die dieses Haus aufsuchten. Und der Junge erfuhr, daß die wenigen *Piaster*, die sie ihren Familien fünf oder sechs Mal im Jahr schickten, das ganze Jahreseinkommen darstellte, auf das die Familien ungeduldig warteten. Auch das war nur möglich, wenn sie *zum Meer zogen*, das heißt als Tagelöhner im Niltal Arbeit fanden, worum sie sich sehr bemühten; ein Einzelner von ihnen schickte seiner Familie während des ganzen Jahres ein oder zwei Pfund.

Und er erfuhr noch manche anderen Dinge. Damals war ihm nicht klar, welche tiefen Spuren diese Mitteilungen bei ihm hinterließen und wie grausam sie auf sein Empfinden wirkten. Wenn er sie sich gelegentlich ins Gedächtnis zurückruft, empfindet er seinem Volk und sich selbst gegenüber in tiefster Seele Scham und Geringschätzung.

Er ist wahrlich ein Dieb, ein Dieb an jenen Fremden und vielen Millionen Ihresgleichen, die das Gold im Niltal wachsen lassen und dabei Hunger leiden müssen. Gäbe es im Niltal ein gerechtes Gesetz, würde es ihn ins Gefängnis bringen und nicht jene vielen, die das geltende Recht als Diebe und Verbrecher ansieht.

Diese Gedanken überfielen ihn immer wieder, wenn er ein üppiges Mahl einnahm, schmackhaftes Obst oder wohlschmeckende Süßigkeiten verzehrte oder die schönsten Wonnen des Lebens zwischen Millionen Ausgebeuteter genoß!

Kapitel 11

Kummer auf dem Land

Schon früh lernte sein junges Herz die Bitterkeit des Kummers kennen. An jenem Tag kam er von der Schule und ging zu seiner Mutter, wie er es immer tat; da hörte er sie mit schwacher Stimme eines der vielen Klagegedichte rezitieren, während ihr die Tränen über die Wangen liefen; vergeblich kämpfte sie dagegen an, als sie ihn bemerkte.

Es war das erste Mal, daß er sie weinen sah; damals war er noch nicht einmal zehn. Er hatte sie schon vorher traurig gesehen, aber immer, wenn er fragte: „Was ist dir, liebe Mutter?" zwang sie sich zu einem Lächeln und antwortete, indem sie ihn zärtlich an die Brust drückte:

„Nichts, nichts! Ich bin nur ein bißchen müde."

Dieses Mal aber weinte sie offen. Die Tränen rannen aus ihren Augen, und sie zwang sich nicht mehr zu einem Lächeln und verbarg ihren Schmerz nicht. Er stand nur wenige Schritte von ihr entfernt, betroffen, Böses fürchtend und schweigend. Sie bemerkte ihn, konnte die Tränen aber nicht zurückhalten. Dann faßte sie sich und rief ihn; er warf sich an ihre Brust, vergrub sein Gesicht an ihrem Busen und schluchzte herzzerreißend; die Traurigkeit der Mutter übertrug sich auf ihn, ohne daß er ihren Grund kannte. Da sorgte sich die Mutter um ihren Sohn, der am Weinen fast erstickte, tätschelte ihn, drückte ihn an sich und bat ihn, still zu sein. Ob sie später etwa noch einmal weinen würde, fragte er sie daraufhin.

„Solange du lebst, werde ich nie mehr weinen, mein Söhnchen“, entgegnete sie. „Segen über dich und euer Leben, ihr und euer Vater seid mein ein und alles.“

Der Junge schwieg. Er blickte in ihr Gesicht, auf dem die Tränen schon getrocknet waren, und auf einmal wurde sie fröhlich und lächelte sogar; ihr Lächeln steckte ihn an, und er faßte Mut zu fragen:

„Was hast du, liebe Mutter?“

Sie sah ihn an, als fühle sie, daß ihr Kind ein Mann geworden war und daß es an der Zeit sei, ihm einige ihrer Sorgen mitzuteilen.

Sie sagte:

„Hör zu, mein Junge, versprichst du mir, ein Mann zu sein?“

Nichts lieber als das, denn er hatte den heftigen Wunsch, schnell erwachsen zu werden! Also sagte er:

„Ganz gewiß!“

Da erzählte sie:

„Heute hat dein Vater ein Stück Land verkauft!“

Zu jener Zeit erfaßte er diesen Satz noch nicht in seiner ganzen Bedeutung. Man hatte ihn in die Schule geschickt, und das Schulleben nahm ihn ganz in Anspruch; landwirtschaftliche und bäuerliche Angelegenheiten beschäftigten ihn nicht so wie seine Altersgenossen im Dorf, denen die Bedeutung dieses Satzes bewußt gewesen wäre. Erst als die Mutter fortfuhr, begriff er die Tragweite der Nachricht und zugleich die Verzweiflung der Mutter.

„Das bedeutet“, erklärte sie „daß unser Ackerland weniger wird. Bis jetzt hat dein Vater jedes Jahr ein Stück Acker verkauft, und wenn das so weiter geht, dann kommt der Tag, an dem wir kein Land mehr haben werden, kein Feld, kein Haus, kein Vieh – nichts von dem, was du hier siehst.“

Hier hatte er bereits verstanden, das heißt, er fühlte das Ausmaß der Katastrophe, die ihn bedrohte, und zwar ihn ganz persönlich. Würde er dieses Feld verlieren, zu dem er jeden Freitag ging, wo er lief, hüpfte, sich freute und mit denen scherzte, die darauf arbeiteten und das Vieh weideten? Das Vieh! Würde man ihm gar diese Kuh nehmen, auf die er stolz war, die nicht verkauft werden durfte, weil sie besonders viel Milch und Butter gab, die also bei ihnen blieb, auch wenn das übrige Vieh wechselte? Er, die Mutter und die beiden Schwestern empfanden Freundschaft für sie, hatte sie doch die Jugendjahre der Geschwister fast vollständig begleitet und galt allen Hausbewohnern als achtenswerte Persönlichkeit.

Dann das Haus, würde er dieses Haus verlieren? Hier fühlte er eine Wertschätzung, wie er sie noch gar nicht gekannt hatte, ihr geräumiges, schönes Haus. Und der dazugehörige Brunnen, aus dem ihre Tiere und die der ganzen Straße getränkt wurden, der ihn mit Stolz erfüllte, weil er auf ihrem Grundstück stand, so daß die Leute ihnen schmeicheln mußten, wenn sie mit dem Vieh auf den Hof kamen. Sie hätschelten ganz besonders ihn, während er sie mit dem Vieh durchziehen ließ. Er erlebte ein erhebendes Glücksgefühl, weil nur ihr Haus diesen großen Vorzug aufwies, den Vorzug, daß ihre Kuh und ihre Tiere das Haus nicht verlassen mußten, um getränkt zu werden.

Dann der *Riwaq al-Furn*, jener besondere Raum mit dem Backofen im zweiten Stock, den sie zusätzlich zum Backofen im ersten Stock besaßen; das war ein weiterer Vorzug, denn die anderen Leute hatten wegen der Enge ihrer Häuser nur einen

Ofen. Aber ihr vom Verlust bedrohtes Haus besaß zwei: Einer, nämlich der im ersten Stock, wurde im Winter zum Heizen benutzt, und der andere diente lediglich zum Brotbacken im Sommer. Er befand sich in dem Säulenraum, dessen Dach oberhalb des Ofens ein Loch zum Rauchabzug hatte, und dessen eine Wand zum gleichen Zweck gekürzt war, wodurch der Junge und seine große Schwester vom Dach aus auf diese niedrige Wand springen konnten und wieder hinauf. Die kleine Schwester versuchte es auch, schaffte es aber nicht. Die Geschwister neckten sie ein wenig, bis sie weinte; dann nahmen sie sie von beiden Seiten und zogen sie hinauf.

Dann der *Mahash*, ein sehr langer Raum ohne Dach an einer Hausseite, in dem Häcksel, trockenes Hirsestroh und Baumwollreisig aufbewahrt wurden. Hierdurch wurde die Brandgefahr vermieden, die dann lauerte, wenn man diese Materialien auf dem Dach lagerte, wie es im Dorf Brauch war. Die Weiträumigkeit des Hauses gewährte ihnen den Vorzug dieses *Mahash*, in dem sich das Stroh bis zum ersten Stock türmte, so daß er und seine ältere Schwester gefahrlos vom Dach auf das Stroh springen konnten; dann liefen sie zur Treppe, erstiegen den *Mahash* von der anderen Seite, um miteinander wetteifernd von neuem zu springen.

Dann die Gasse vor dem Haus, der Ort, wo er mit seinen Altersgenossen Ball und verschiedene einfache dörfliche Spiele spielte. Blitzartig tauchten in seiner Phantasie Dutzende dieser angenehmen Bilder auf. Am liebsten hätte er jedes dieser Bilder mit seinen Händen umfaßt, aus Furcht, es könnte ihm entgleiten. War das alles vom Verlust bedroht? Er konnte nicht glauben, was ihm erzählt wurde. Dann wandte er sich herausfordernd an seine Mutter:

„Warum verkauft denn der Vater dieses Feld?"

„Weil er den Leuten Geld schuldet und es ihnen natürlich zurückzahlen muß.“

Das war keine befriedigende Antwort. Warum schuldete er den Leuten Geld? Wie konnte das sein, sah der Junge doch immer viel Geld in dem weißen langen Beutel, und kaufte der Vater doch alles mit diesem Geld? In diesem Augenblick schien die Mutter zu begreifen, daß sie einen Fehler gemacht und den kleinen Jungen zu früh eingeweiht hatte. Sie wollte die Unterhaltung beenden und ihn ablenken; er aber beharrte darauf, alles genau zu erfahren. Da erklärte sie ihm das Problem ausführlich, bis er begriff, daß der Vater jedes Jahr mehr ausgab als einnahm, und daß dieser Unterschied unvermeidlich zum Verkauf einiger Felder führte. Und jetzt verstand er vollständig und fühlte die Wirklichkeit der Gefahr; sein junger Verstand vermochte jedoch nicht, sich jenen fernen Tag vorzustellen. Er sagte einfach:

„Nein, liebe Mutter. Wir werden unser Haus nicht verkaufen, weder unser Feld noch unser Vieh. Und auch unsere große Kuh werden wir nicht verkaufen.“

Als atme die Mutter mit den einfachen Worten ihres Sohnes den Duft der Hoffnung, sagte sie:

„Unser Herr möge dich erhören, mein Söhnchen!“

Dann drückte sie ihn an sich, schob ihn etwas weg, blickte ihm in die Augen und legte die ganze Wärme des Glaubens in ihre Stimme, während sie sagte:

„Hör zu, mein Junge, du hast die Pflicht, das zurückzukaufen, was dein Vater verschwendet hat.“

Und obwohl die Wärme ihrer Nähe in sein Herz drang, so verstand er doch nicht, wie er in der Lage sein sollte, diese wunderbare Aufgabe zu bewerkstelligen. In seinen Blicken erschienen alle möglichen Fragen. Sie meinte:

„Wenn du groß bist, wirst du nach Kairo zu deinem Onkel fahren, dort studieren, ein *Afandi* werden und ein Gehalt bekommen. Und dann erinnerst du dich daran, daß unsere Felder im Dorf verkauft wurden, weil der Vater das Geld mit vollen Händen ausgegeben hat. Du aber wirst Geld verdienen und es nicht vergeuden wie dein älterer Bruder, sondern nur ausgeben, was notwendig ist. Und dann wird viel Geld in deiner Tasche klingeln, um damit die Felder zurückzukaufen, die wir verloren haben."

Während sie in süßen Hoffnungen schwelgte, befand sich seine Phantasie schon auf der Reise nach Kairo und bei dem *Afandi*, der er einmal werden sollte, so daß er dem Rest der Rede nicht mehr folgte. Plötzlich aber merkte er auf und wurde ganz niedergeschlagen, als sie fortfuhr:

„Du darfst auch nicht so verschwenderisch sein wie deine Onkel mütterlicherseits. Sie sind genauso wie der Vater, ja sogar noch schlimmer. Du weißt, daß sie ihre weiten Felder und ihre vielen Häuser bis auf ein einziges kleines verkauft haben."

Ja, das war eine schmerzhafte Erinnerung für ihn; er hatte den Beginn der Tragödie zwar nicht persönlich erlebt, aber davon erfahren, wo immer er sich im Dorf befand, denn die Dorfbevölkerung - wie auch seine Mutter in tiefer Bitterkeit - sprach ständig davon. Der Großvater mütterlicherseits war ziemlich reich gewesen. Kaum waren seine vier Söhne erwachsen - zwei gingen zu *al-Azhâr* und zwei blieben auf dem Hof -, da gaben sie das Geld mit vollen Händen aus. Nach dem Tod des Großvaters hatten sie nichts Eiligeres zu tun als den Besitz nach allen Seiten zu verschleudern, bis sie den letzten *Millim* vergeudet hatten. Am besten ging es noch dem Onkel, der als Lehrer und Journalist in Kairo arbeitete, und bei dem die

Großmutter lebte, die der Junge abgöttisch liebte und nur in großen Abständen sah.

Während die Mutter ihm das Schicksal ausmalte, welches das Haus seines Vaters erwartete, wenn es auf diese Weise weiterginge, vermochte er die Tiefe des Abgrunds zu ermessen, und in sein Inneres schlich sich ein erster Keim von Verantwortung. Auf einmal begriff er, warum es seine Mutter immer so eilig hatte, ihn zu informieren und warum sie darauf bestand, daß er in der Grundschule lernte und nicht in der Koranschule. Seine Pflicht war es, das Gebäude zu stützen, bevor es einstürzen konnte.

Im Innern vieler Dorffrauen nagten die gleichen Sorgen und Befürchtungen wie bei der Mutter, aber sie lebten ohne Hoffnungen für ihre Söhne, denn es gab keinen Onkel in Kairo, was in ihrer Vorstellung gleichbedeutend für großes Glück und Verbesserung der Lage war.

Viele einst verhältnismäßig wohlhabende Familien wurden wegen der Erbteilung von Generation zu Generation ärmer, wenn nicht neues Geld hinzukam. Auch reiche Familien konnten in Armut und Elend abgleiten, so daß ihre abgewohnten Häuser immer mehr verfielen. Die Frauen merkten dies am ehesten, und Kummer und dunkle Wolken ließen sich auf diesen Häusern nieder, solange nicht die Morgendämmerung einer neuen Hoffnung aufging. Der Kummer auf dem Land war bewegungslos und lang, die Zeit schritt dort langsam mit gleichmäßigen Bewegungen voran, und der Tod, der ein Familienmitglied nach dem anderen holte, kam in einem schwarzen, dicken Schatten daher, der schwer auf jedem Herzen lag und sich überall zeigte.

Der Kummer, dessen Schicksalsschläge die Seelen der Dorfbewohner überschatteten, lastete ständig auf ihnen: Das bittere Schicksal der Armut nach dem Reichtum, das schmerzhafte Schicksal der ursprünglichen, ererbten Armut und das Schicksal des Todes und das Gedenken danach. Todesfälle auf dem Land waren häufig, doch sie wurden durch zahlreiche Nachkommen ausgeglichen. Jeder Todesfall blieb im Herzen einer Mutter oder eines Ehepartners oder einer Schwester traurige Erinnerung, sooft sie zu einer Totenfeier zusammenkamen oder durch ein besonderes Ereignis daran erinnert wurden. Dann flüchtete man sich zur ergreifenden, herzzerreißenden Wehklage.

Wenn sich die Männer auf dem Feld befanden, konnten sie vergessen; der leuchtende Glanz des Lichts überflutete ihre Seelen und hellte sie auf, und das Säen nach dem Schwarzwerden der Erde ließ in den Herzen geheimnisvolle Hoffnungen wachsen, die sie in ihrer tiefen Schlichtheit nicht begriffen. Die Frauen aber, die ihre Häuser kaum verließen - außer den sehr armen, die in Oberägypten manchmal auf den Feldern arbeiteten -, hatten nichts, was sie ihren Kummer hätte vergessen lassen. Die Häuser waren dunkel, die Zimmer armselig, besonders bei Nacht, wenn sie nur durch schwache, kleine Petroleumlampen erhellt wurden, die ihr trübes, fahles Licht auf eine schwarze Wand fallen ließen. Dann tänzelten Schatten wie Gespenster darüber, und auf dem Haus und seinen Bewohnern lastete ein düsteres Gefühl von Traurigkeit und Leid.

Die Frauen mußten dunkle Kleidung tragen. Nach den Regeln der Dorfgemeinschaft durfte sich nur die junge Frau in den ersten Ehejahren schmücken, in prächtige Gewänder kleiden und fröhlich sein. Wurde sie älter und überschritt die dreißig, mußte sie Zurückhaltung üben; sollte sie weiterhin auf ihrem Putz, ihrer bunten Kleidung und ihrer Fröhlichkeit bestehen, geriet ihr Lebenswandel in aller Munde, und sie wurde von allen Seiten kritisiert, während ihre Altersgenossin in der Stadt ihr eigentliches, glanzvolles Leben begann.

Hinter all dem steckte aber auch eine ökonomische Überlegung, denn die prächtigen Kleider und ihre ständige Reinigung kosteten Geld, wogegen die dunkle Kleidung den Schmutz verbarg und daher sparsamer war. Die Leute mochten aber nicht zugeben, daß es wirtschaftliche Erwägungen waren, die ihr Verhalten bestimmten; sie erhoben es zu einem moralischen Prinzip, und also wurde das Mädchen oder die Frau, die sich nicht schmückte und putzte, zu einem erwünschten moralischen Vorbild.

Einen Monat im Jahr zog Freude ins Dorf und es vergaß seine Sorgen; das war im Monat *Ramadan*. Das Geheimnis dieser Freude lag zum einen im Licht, dem Licht, das sich in vielen Häusern ausbreitete, wo man die Nacht zum Tag machte und die Türen für Besuche öffnete. Während des *Ramadan* lasen Rezitatoren den Koran; an einigen Türen waren Lampen aufgehängt, die den vielen Vorübergehenden den Weg wiesen, denn man blieb bis tief in die Nacht auf und war vor den *Ifrîten* sicher, die gemäß ihrem alten Vertrag mit Salomo im Monat *Ramadan* gefesselt waren.

Nicht nur das Licht erfreute das Dorf im *Ramadan*, sondern auch die Mahlzeiten, bei denen es keinen Unterschied zwischen arm und reich gab. Man beging diesen gesegneten Monat durch besondere, ausgewählte Speisen, die man nach dem Fastenbrechen und vor Beginn des nächsten Fastens verzehrte, und dies jede Nacht. Man aß Fleisch und Obst in reichlicher Menge, und die Vorbereitungen für die Mahlzeiten spielten sich vor aller Augen ab. Und sobald das Dorf im *Ramadan* das Licht und die Speisen erlebte, vergaß es seine heimlichen Sorgen und freute sich des Lebens, frei und ledig von Beschränkung und Dunkelheit.

An den Fest- und Feiertagen, besonders am Prophetengeburtstag, verhielt es sich wegen der reichen Fülle von Licht und Speise ebenso. Danach erlosch die Betriebsamkeit, und das Dorf fiel in seine stockfinstere Dunkelheit, seine ererbte Beschränkung und seine überkommenen Sorgen zurück, und die sogenannten Bedrückungen durch die Zeit tauchten wieder auf.

Darunter verstand man einengende Armut und Unterdrückung durch die Herrschenden. Die Landbewohner mußten Steuern auf ihre wenigen Felder zahlen, der Dorfbürgermeister zwang sie, Karten für den Wohltätigkeitsverein zu kaufen, obwohl eigentlich sie hätten durch die Vereinigung unterstützt werden müssen; dazu kamen noch Karten für den Roten Halbmond und für den Sanitätsdienst. Außerdem mußten sie Frondienst leisten: Beim Brückenbau, beim Unkrautrupfen auf den großen Gütern und Bewässerungsbezirken außerhalb des Dorfes sowie bei der Heuschreckenbekämpfung. Diese und unzählige andere Hand- und Spanndienste gaben den Dörflern das Gefühl, als ohne Pause arbeitender Lastesel behandelt zu werden. Dann bedrückte die ununterbrochene harte Arbeit auf dem Feld, um ihr Grundnahrungsmittel Hirse ernten zu können und das - Gott sei's geklagt - das ganze Jahr über.

Dann bedrückten die Traditionen - besonders zu Lasten der Frauen, die in den Augen der Männer nicht mehr Wert als Waren besaßen. Wenn das Haus der Familie der Frau weiter offen blieb, wurde die Frau bis zu einem gewissen Grad geschätzt, weil da noch mögliche Geldreserven schlummerten. Wenn die Familie der Frau aber ruiniert war - was oft vorkam, wie wir oben dargelegt haben,- litt sie unter Erniedrigung und Beschimpfung, was sie zu einem Leben in der Finsternis verdammte.

In all diesen schwerlastenden, drückenden Lebensumständen gab es einen einzigen Lichtblick: Das waren die Kinder, die lange Zeit fröhlich waren und spielten, frei von Arbeit und Mühe, bis sie das zehnte Lebensjahr überschritten.

Das alles ist ein Vierteljahrhundert her. Als er ins geliebte Dorf zurückkehrte, informierte er sich über alles und fragte unter anderem nach der Fröhlichkeit der Kinder. Man sagte ihm: Das alles habe aufgehört, dieses letzte Lächeln vor der drückenden Zeit sei erloschen, das Leben sei mühevoll und hart geworden und erlaube den Kindern und Jugendlichen nicht mehr zu spielen, zu lachen und fröhlich zu sein; vom siebten oder gar schon sechsten Jahr an würden sie zur Arbeit aufs Feld geschickt und ihre unbeschwerten Scharen und schönen Spiele seien bereits aus dem Dorf verschwunden.

Kapitel 12

Die Abreise

Es war höchste Zeit für ihn, das Dorf zu verlassen. In Kairo erwartete ihn eine Aufgabe. Er war einberufen und bereitete sich auf den Kampf vor, den ihm seine Mutter bestimmt und den sie zunächst noch vor ihm verborgen hatte. Eines Tages hatte sie ihm dann ihren Plan enthüllt, damals, als er zu ihr ging und sie weinen sah: Es sei seine Pflicht, das Ansehen der Familie wiederherzustellen und ihr verlorenes Vermögen zurückzugewinnen.

Diese Worte hörte er also von seiner Mutter, während sie ihn auf die Reise nach Kairo zum Onkel vorbereitete, damit er dort sein Studium beginne. Seit Beendigung der Dorfschule vor zwei Jahren war er fast schon erwachsen geworden; wenn die Revolution mit der Unterbrechung der Verkehrsverbindungen und den allgemeinen Wirren nicht gewesen wäre, dann hätte er das Dorf schon damals verlassen.

Die politische Lage beruhigte sich, seine Kräfte nahmen zu und die Aufgabe, zu der er einberufen worden war, trieb ihn zur Eile an, und so sollte er mit Gottes Segen abreisen.

Einige befreundete Dorfnachbarinnen hörten diese Nachricht und erschienen. Und als hätten sie sich vorher verständigt, was sie sagen würden, sprachen alle fast die gleichen Worte:

„Glück und Segen, liebe Schwester! Dieser Kleine da wird alles, was verlorenging, wieder herbeischaffen. Und mit Gottes Wohlwollen wird es ihm genauso ergehen wie dem *Fulân*“.

Dieser Mann galt in ihrer Gegend als Musterbeispiel. Sein Vater hatte das ganze Geld für das Hochschulstudium des Sohnes ausgegeben. Als der das Diplom bekam, stand dessen Vater mit leeren Händen da. Dann verlieh Gott dem Sohn Erfolg, wie die Leute im Dorf sagen, sein Ruhm verbreitete sich, das Glück war ihm hold, und er brachte den verlorenen Reichtum zurück, ja, er verdoppelte ihn. In seinem Dorf und der Umgebung diente er als Vorbild für den glücklichen Ausgang nach der Bedrängnis und für dic Wiederherstellung des Ansehens guter Familien nach dem Niedergang.

Alle Reisevorbereitungen des jungen Mannes ließen den Eindruck entstehen, als sei eine äußerst wichtige Sache im Gang, ja, als ob er auszöge, um Akkon zu erobern. Aber das war nur die eine Seite, die Klage der Eltern über die Trennung von ihm war die andere.

Seine Mutter, die ihn fortwährend zur Reise angetrieben und sich in ihren Träumen darauf vorbereitet hatte, spürte jetzt, daß die wirkliche Trennung etwas anderes war als die nur vorgestellte. Der Vater dagegen bewahrte Haltung und übte Zurückhaltung, solange er schwieg. Sprach er aber, kamen die Worte wie erstickt aus seiner Kehle, dann schwieg er wieder und vollendete den Satz voller Furcht, sich eine Blöße zu geben.

Die Mutter bereitete ihm ein Frühstück aus seiner Lieblingsmehlspeise, die man im Dorf *Rashta* nannte: Weizenteig wurde wie ein Fladen ausgebreitet, dann gefaltet, in kleine, feine Streifen geschnitten und in Milch und Zucker gekocht; am Morgen wurde dann Butterschmalz oder Rahmbutter dazugegeben.

Dieses Gericht servierte sie ihm zum Frühstück, das sie gemeinsam einnahmen. Man hatte es so eingerichtet, daß er mit jenem *Afandi*, einem Verwandten, nach Kairo reisen sollte, der im letzten Jahr seines Rechtsstudiums stand. Dieser sollte den Jungen dem Onkel übergeben, so daß sie sich wegen seiner Fahrt keine Sorge zu machen brauchten. Dieser *Afandi* hatte seinerseits mit einem *al-Azhâr*-Studenten einen Reisetermin vereinbart, um sich die lange Zugfahrt zu verkürzen. Und während der Junge seine Sachen packte und fast fertig war, klopften jene beiden Reisegefährten an das Tor und riefen zum Aufbruch, denn es sei an der Zeit, wenn sie den Zug noch erreichen wollten.

Die Empfindungen des Knaben gerieten durcheinander; er war unkonzentriert und zerstreut, er wußte nicht, ob er sich auf die Reise nach Kairo, von der er seit Jahren träumte, freuen, oder ob er über die Trennung von der Welt, in der er solange gelebt hatte, traurig sein sollte.

Als er nun gerufen wurde, rettete ihn das vor seiner Unentschlossenheit, und er sagte jedem Einzelnen seiner Familie Lebewohl. Die Mutter nahm ihn in die Arme und drückte ihn an die Brust, als ob sie die ganze Inbrunst ihres bedrückten Herzens auf ihn übertragen wollte, und sie ließ ihn erst frei, als der Vater ihn sanft von ihr wegzog. Die Worte würgten in seiner Kehle, während das Pochen und Rufen andauerte. Dann ging der Vater mit ihm hinaus, um ihn zu verabschieden. Er tat dies in Eile und redete frei heraus und vertraute ihm offen seine Sorgen an, die er bisher verheimlicht hatte. Die Mutter aber und seine beiden Schwestern schauten auf seine Frühstücksschale, als sei dies das letzte Erinnerungsstück an den reisenden jungen Mann. Ihre traurigen und betrübten Blicke ruhten lange darauf. Das war eine heilige Erinnerung, ein

Schatz, den man aufbewahren würde.

Der Vater kam vom Abschiednehmen zurück. Die Mutter fragte mit bebender Stimme:

„Ist er abgereist?“

Der Vater sagte:

„Mit Gottes Segen!“

Und plötzlich brach er wie ein Kind in Schluchzen aus. Die tapfere Mutter vergaß ihren Kummer und tröstete ihn. Danach zog sie sich zurück und ließ den Tränen freien Lauf.

Anmerkungen

1 Sayyid Qutb war klein von Gestalt (Anm. des Übersetzers).

2 Diese Methode hat sich heute geändert, und man benutzt geschlossene Wagen wie in der Stadt.

3 Anspielung auf eine arabische Literaturgattung (Anm. d. Ü.).

4 Die Dienerin hatte als Nubierin von Natur aus eine dunklere Hautfarbe als die Bauerntochter (Anm. d. Ü.).

5 Dieses Kinderlied wird auch zitiert bei Hans Winkler: Bauern zwischen Wasser und Wüste. Stuttgart 1934, S.169 (Anm. d. Ü.).

6 Dieser Aberglaube geht auf altägyptische Glaubensvorstellungen zurück.

7 Im Original werden als Autoren aufgeführt: Abû Zaid, az-Zîr Sâlim, Kulaib, az-Zanâtî Halîfa und Diyâb ibn Gânim; als Panegyriker und Biographen: al Barada, Sayyidî Ibrâhîm al-Dassûqî, as-Sayyid al-Badawî, Bint Birrî, Sayyidî Abd al-Qâdir al Gilânî, Sa^{c}d al-Yatîm und I^{c}lâm an-Nâs; als Autoren von Heldenbüchern: al-Amira Dhât al-Himma, Sayyidî Muhammad al-Battâl und al-Malika Hanna; von Kriminalromanen: Sherlock Holmes, Sinclair und al-Liss ash-Sharîf; Titel religiöser Bücher: Dalâ'il al-Hairât, Du^{c}â' Nisf Sha^{c}bân und Du^{c}â' Lailat al Qadr; Bücher allgemeiner Art: Kutub at-Tahliyya wa t-Targîb fi t-Tarbiya wa t-Tahdhîb, al-Fawâ'id al Fikriyya, den ersten Teil vom Kitâb an-Nahw des

seligen Hamza Fathallâh oder Bada'i^c az-Zuhûr fi Waqâ'i^c ad-Duhûr. (Anm. d. Ü.).

8 Diese Bücher behandeln Astrologie, Zauberei und Medizin (Anm. d. Ü.).

9 Heute gibt es im Dorf mehr als hundert, die einen Abschluß der Oberschule, Hochschule oder des Lehrerfortbildungsseminars vorweisen können.

10 Cf. Artikel *Abdjad* in: Encyclopaedia of Islam[2], Bd.1, S.97f. Das System geht eher auf das Phönizische als auf das Althebräische zurück (Anm. d. Ü.).

11 Vermutlich handelt es sich bei dem Kloster um Dair Rifa (Anm. d. Ü.).

12 Die aufgeführten Personen spielten im zeitgenössischen Ägypten eine wichtige politische Rolle (Anm. d. Ü.).

13 Das alles hat sich heute geändert; Tageszeitungen, Wochen- und Monatszeitschriften und literarische Bücher kommen ins Dorf, und unter seinen Söhnen gibt es einige, die Gedichte verfassen und für Zeitungen schreiben.

14 Der Unterschied zwischen Normal- und Hochwasser des Nil betrug bei Assiut, der nächsten Kreisstadt für den Autor, um die Zeit des Ersten Weltkriegs etwa 6,70 m (nach Baedecker Ägypten[8], 1928, S.LXVIII) (Anm. d. Ü.).

Nachwort

Sayyid Qutb Ibrahim Husain Shadhili[1] wurde im September 1906 im muslimisch-koptischen[2] Dorf Musha bei Assiut in Mittelägypten geboren. Der Vater war Bauer mit grösserem Landbesitz und Delegierter der Nationalpartei seines Dorfes, und in seinem Haus trafen sich die Parteifreunde, so daß sein Sohn schon früh mit politischen Ideen vertraut wurde. Er besuchte die erst kürzlich eröffnete Regierungsschule, nicht die Koranschule, lernte aber nebenbei den Koran auswendig. Wegen der nach der Revolution von 1919 ausgebrochenen Wirren konnte er erst 1921 zu seinem Onkel nach Kairo übersiedeln, wo er nach vier Jahren, über die nichts bekannt ist, weiterführende Schulen besuchte und von 1930 - 1933 an der Pädagogischen Hochschule (Dâr al-ᶜUlûm) studierte. Das Lehrerdiplom erhielt er 1933, wohingegen der gleichaltrige Hasan

---

1 Bei den Angaben zum Leben Sayyid Qutbs folge ich Gilles Kepel: Le prophète et pharaon. Paris 1993, S. 41ff.

2 In seiner Autobiographie wird nur an zwei unwichtigen Stellen, nämlich bei den Eßgewohnheiten der Muslime und Christen und bei der Schatzsuche erwähnt, daß es in seinem Dorf eine Kirche und in den Bergen ein Kloster gibt. Von christlichen Freunden, Schulkameraden oder Lehrern ist nirgends die Rede.

al-Banna, der spätere Mitbegründer der Muslimbrüder, dieses schon 1926 erworben hatte.

Sayyid Qutb unterrichtete zuerst als Lehrer auf dem Land, dann in Heluan im Süden von Kairo. Von 1940 - 1948 war er Schulinspektor; zahlreiche seiner Reformvorschläge wurden abgelehnt. Seit dem Beginn seiner Studentenjahre in Kairo betätigte er sich auch als Literaturkritiker - Mentor und Vorbild war bis 1946 Mahmud Abbas Aqqad - und Literat und schrieb unter anderem 1945 die vorliegende Autobiographie *Ṭifl min al-Qarya*. Ab 1945 wandte er sich von der Literatur ab und nationalen und sozialen Problemen zu und dies so engagiert, daß König Faruk ihn verhaften lassen wollte. Parteifreunde bewahrten ihn davor, indem sie ihm vom Erziehungsministerium ein unbegrenztes Weiterbildungsstipendium für die USA verschafften. Um diese Zeit hatte er bereits *Die soziale Gerechtigkeit im Islam*[3], eines seiner wichtigsten Werke, vollendet.

Der USA-Aufenthalt von 1948 - 1951 konfrontierte ihn mit einer ihn abstoßenden sexuellen Promiskuität und der Benachteiligung der Armen. Dieser Kulturschock führte ihn nach der Rückkehr in seine ägyptische Heimat in die Arme der Muslimbrüder, deren Mitglied er durch die Vermittlung von Salih Ashmawi, dem Stellvertreter von Hasan al-Banna, 1951 wurde. Später erklärte er: „Ich bin 1951 geboren worden“[4]. 1952 wurde

---

3 Al-Adala al-Idjtima'iyya fî l-Islâm, Kairo 1949. Die hier von Sayyid Qutb entwickelte islamische Soziallehre wird gut beschrieben bei Albert Hourani: Die Geschichte der arabischen Völker. Frankfurt 1992, S.480f.

4 Kepel a.a.O. S. 44.

er Mitglied im Führungsbüro und Leiter der Propagandaabteilung. Vor und kurz nach der Revolution von 1952 hatte er häufige Unterredungen mit dem späteren Staatspräsidenten Nasser, wobei sich eine Zusammenarbeit zwischen den Freien Offizieren und den Muslimbrüdern anzubahnen schien. Als es zwischen beiden Gruppierungen zum Konflikt kam, blieb er auf der Seite der Muslimbrüder und mußte 1954 für drei Monate ins Gefängnis.

Nach einem am 27. Oktober 1954 verübten, aber fehlgeschlagenen Attentat eines Muslimbruders auf Nasser wurden viele Muslimbrüder verhaftet und grausam gefoltert, darunter Sayyid Qutb und Yasir Arafat, damals Präsident der palästinensischen Studentenunion[5]. Im Juli 1955 wurde er zu 25 Jahren Zwangsarbeit verurteilt, konnte aber während einer relativ milden Gefängniszeit seinen großen Korankommentar *In den Schatten des Korans*, *Wegzeichen*[6] u.a.m. verfassen[7]. Ende 1964 wurde er freigelassen und zur wichtigsten Gestalt der noch verbliebenen Muslimbrüder. Mitte 1965 wurde ein neues Komplott dieser Vereinigung aufgedeckt, Sayyid Qutb als Hauptverschwörer betrachtet, vor Gericht gestellt, mit zwei Gefährten zum Tode verurteilt und am 29. August 1966 gehängt.

Man kann die geistige Entwicklung Sayyid Qutbs und seine Beziehung zum Islam in zwei Abschnitte einteilen: In eine liberale Phase bis zum Ende der vierziger Jahre, in der er den

---

5 Cf. Lionel van der Meulen: Fremde im eigenen Land. Die Geschichte der Palästinenser und der PLO. München 1989, S. 142.

6 Siehe Hourani a.a.O. S. 534f.

7 Ein Verzeichnis seiner Werke findet sich bei Kepel a.a.O. S. 295f.

damals unter den Literaten üblichen *europäischen* Diskurs[8] benutzte, und in die Phase einer kompromißlosen, zu keinen Zugeständnissen an die herrschenden Machtverhältnisse bereiten Haltung, die durch seinen Amerikaaufenthalt, seine Arbeit bei den Muslimbrüdern, seine Gefängniszeit und seinen gewaltsamen Tod geprägt war.

Kindheit auf dem Lande, 1946 veröffentlicht und damit der ersten Lebensphase des Autors zuzurechnen, ist Taha Husain gewidmet; damit bekennt sich Sayyid Qutb zu den *Kindheitstagen*[9], dem ersten Teil der Autobiographie von Taha Husain, die 1929 erschienen ist. Die Ähnlichkeiten im Sprachstil fallen sofort ins Auge: beide reden von sich in der dritten Person und sprechen von sich als von *unserem Freund* oder *dem Knaben*, und auch der Wortschatz weicht kaum voneinander ab[10]. Was den Inhalt angeht, so berichten beide über ihr mittel- bzw. oberägyptisches Dorf und ihre Familie, jedoch ohne Namen oder Daten zu nennen. Wir erfahren also nicht, wie die Eltern und wie sie selber heißen oder in welcher Zeit genau wir uns befinden. Bei Sayyid Qutb kommt einmal die Kreisstadt Assiut vor, so daß der Leser wenigstens ungefähr den Schauplatz einordnen kann, und es werden der Erste Weltkrieg und die ägyptische Revolution erwähnt, was eine wenn auch nur vage Zeiteinordnung ermöglicht.

---

8 So Reinhard Schulze in: Geschichte der Islamischen Welt. München 1994, S.125.

9 Al-Ayyâm, dt. *Kindheitstage*. Edition Orient, Berlin 1985.

10 Über arabische Autobiographien im allgemeinen und die von Taha Husain und Sayyid Qutb im besonderen cf.: Thomas Philipp: The Autobiography in Modern Arab Literature and Culture in: Poetics Today 14:3 1993 S. 573 - 604.

Beide machen sich über die Koranlehrer lustig; Taha Husain besuchte - wenn auch unregelmäßig - die Koranschule, Sayyid Qutb nicht. Beide prangern den Aberglauben der Dorfbewohner an und beide werden durch den Schmerz über den Tod von Geschwistern erschüttert: Bei Taha Husain sterben eine vierjährige Schwester und ein zwanzigjähriger Bruder, bei Sayyid Qutb ein Brüderchen bereits nach sieben Tagen. Taha Husains Familie ist überzeugt, daß beide Geschwister an Infektionskrankheiten gestorben seien, bei dem 17 Jahre jüngeren Sayyid Qutb betrachten die Familie und die Dorfbewohner die böse *Qarîna* aus der Dschinnenwelt als Ursache für den Tod des kleinen Bruders; allerdings distanziert sich der Autor von diesem Aberglauben, indem er seine spätere Erkenntnis hinzufügt, daß in Wirklichkeit eine Infektion seinen Bruder umgebracht habe. Bei beiden Autoren lesen wir von ambulanten Buchverkäufern, deren Bücher von den Dorfbewohnern verschlungen werden, und von Zauberei, durch die sie beide Reichtümer zu erlangen hofften. Und am Ende verlassen beide ihr Dorf in Richtung Kairo, Taha Husain begibt sich an *al-Azhâr*, Sayyid Qutb an die Pädagogische Hochschule.

Alle Themenkreise, die von Taha Husain behandelt werden, erscheinen auch bei Sayyid Qutb, allerdings läßt unser Autor den Leser intensiver am Dorfleben teilnehmen. Er kommt dabei auf Probleme zu sprechen, die ihn in seinem späteren Leben noch bewegen werden: Er schildert die Ausbeutung der Bauern durch die Großgrundbesitzer und das Elend der schlecht bezahlten Saisonarbeiter aus Oberägypten. Humorvoll erzählt er - bei größtem Respekt für die Schullehrer, denen die Dorfbewohner den Ehrentitel *Afandi* gaben - Vorkommnisse an der Regierungsschule, darunter den Besuch von zwei Schulinspektoren. Entsetzlich ist die Geschichte der Meuchelmorde, bedrückend das Auftreten der Soldaten, die das ganze Dorf tyrannisieren. Es ist also nicht falsch zu behaupten, daß der Leser von Sayyid Qutbs Autobiographie mehr über das Dorfleben um die Jahrhundertwende in Oberägypten erfährt als bei Taha Husain, für den seine eigene Entwicklung im Vordergrund steht. Bei all dem darf nicht vergessen werden, daß Taha Husain blind war und die Umwelt anders und wohl noch subjektiver wahrnahm als sein jüngerer Zeitgenosse.

Das Schicksal der beiden Dorfjungen aus Oberägypten, die unter ähnlichen Bedingungen aufwuchsen, ist erstaunlich: Taha Husain studierte trotz seiner Kritik am Koranschulwesen an *al-Azhâr*, was damals für begabte Blinde wohl die einzige Aufstiegschance war, und danach an der heutigen Kairo-Universität, wo er sein Studium mit einer Promotion abschloß. Er erhielt dann ein Stipendium zum Studium in Paris und promovierte dort noch einmal. Unter Nasser wurde er Kultusminister.

Sayyid Qutb studierte an der Pädagogischen Hochschule in Kairo und betätigte sich literarisch, und von seiner Kritik an sozialen Mißständen im Dorf führt ein fast gerader Weg zu seinem Ende der vierziger Jahre verfaßten Buch *Soziale Gerechtigkeit im Islam.* Ob die spätere fanatische Haltung in seiner Autobiographie bereits in Ansätzen zu erkennen ist und durch den Amerikaaufenthalt nur verstärkt wurde oder sich erst dort entwickelt hat, ist umstritten.

Sayyid Qutb schrieb die Autobiographie während seines literarischen Lebensabschnitts im Wettbewerb mit Taha Husains *Kindheitstagen* wohl weniger als Lebensbericht denn als literarisches Werk der ägyptischen Literatur, das sich mit dem seines Vorgängers durchaus messen kann.

Horst Hein

Erklärungen

Ägyptische Revolution – 1919 für nationale Unabhängigkeit

„Um *Akkon* zu erobern" – Gemeint ist der gescheiterte Eroberungszug Napoleons gegen obige Stadt.

Amr ibn al-As – Eroberte 639 - 642 n.Chr. Ägypten für den Islam.

Assiut – Provinzhauptstadt, etwa 350 km südlich von Kairo gelegen, ca. 42 000 Einwohner vor dem Ersten Weltkrieg.

al-Azhâr – Bekannteste theologische Hochschule der islamischen Welt in Kairo, gegründet 969 n.Chr.

Besessener – Im Islam wird unterschieden zwischen *Verrückten* (madjnun) und *Besessenen* (madjdub); letzeren wohnen nach dem Volksglauben übernatürliche Kräfte inne.

Bir, iki, üç – Eins, zwei, drei (osmanisch-türkisch); Kommandowörter in der Armee waren türkisch, weil Ägypten bis Ende des Ersten Weltkriegs Teil des osmanischen Reiches war.

Boden – Zum Erbrecht und zur Aufteilung des Bodens unter Kleinbauern und Großgrundbesitzern in Ägypten cf. Albert Hourani: Die Geschichte der arabischen Völker. Frankfurt 1992.

Dâr al-Ulûm – Ausbildungsstätte; entspricht unserer Pädagogischen Hochschule

al-Buchâri – Einer der sechs kanonischen Autoren von Sammlungen von Prophetenaussprüchen; gest. 870 n.Ch.

Dschinn – Geistwesen, das laut Koran (55, 14) aus rauchloser Flamme erschaffen wurde; cf. *Ifrît.*

Faddân – Flächenmaß; entspricht 0,42 ha

Fulân – Irgendjemand; arabisches Pendant zu N.N.

Gallâbîya und *Gilbâb* – typisch ägyptische Gewänder

Heilige – (eigentlich Gottesfreunde). Im Islam bilden die Heiligen Hierarchien, an deren Spitze sich der Qutb al-Ghauth befindet. Im Volksglauben war der Heiligenkult weit verbreitet, in jedem Dorf gab es mindestens einen.

Abbas Hilmi II – Ägyptischer Vizekönig (Khedive), der von 1892 - 1914 regierte.

Ifrît – Geistwesen, Dämon, der Menschen schaden kann

Irdabb – Hohlmaß; entspricht 198 Litern

Ka^c^aba – Das zentrale Heiligtum des Islam mit dem schwarzen Stein in Mekka

Kaila – Hohlmaß; entspricht 16,7 Litern

Kishk – Aus Weizenschrot und Sauermilch bereiteter Teig, in kleine Stücke geschnitten, getrocknet und zur Herstellung anderer Gerichte verwendet.

Labsha – Bündel

Malban – Süßigkeit mit Pistazien

Mandal – Magische Praktik der Weißsagung

Millim – Ägyptische Währungseinheit → *Piaster*

Nationalpartei – 1907 von Mustafa Kamil gegründete Partei, die für ein von den Engländern unabhängiges Ägypten eintrat.

Piaster – Ägyptische Währungseinheit, der hundertste Teil eines ägyptischen *Pfundes*, zerfällt in 10 *Millim*. Vor dem Ersten Weltkrieg kostetc das Briefporto innerhalb Ägyptens 5 Mill., eine Straßenbahnfahrt in Kairo 2. Klasse 5 Mill., Schulgebühr pro Woche in der Koranschule in Kairo 1 bis 2 *Piaster*, eine Tasse Kaffee 2,5 bis 10 Mill.

Qaf – Mystischer Berg am Ende der Welt

Qarîna – Im Volksglauben Kindbettdämonin → *Dschinnin*

Ratl – Gewicht; entspricht 450 g

Raum und Zeit – Über die Fähigkeit der Heiligen, Raum und Zeit zu überwinden, cf. R. Gramlich: Festschrift für H. R. Roemer. Beirut/Wiesbaden 1979, S. 180 ff.

Rebellischer Teufel – Der Teufel wird im Koran rebellisch genannt, weil er gegen Gott rebellierte und verworfen wurde.

Riyâl – Ägyptische Währungseinheit; entspricht 20 → *Piastern.*

Sagadun – rechts, *suladun* – links (osmanisch-Türkisch); *marsch* – Marsch (von den im osmanischen Reich wirkenden preußischen Militärinstruktoren übernommen).

Shûrâ – Auf deutsch: Beratung.

Subû^{c} – Feier sieben Tage nach der Geburt eines Kindes.

Thronvers – Koran, Sure 2, 255.

Sa'd Zaghlûl – Ab 1919 Führer der ägyptischen Wafd-Partei, die sich für die nationale Unabhängigkeit Ägyptens einsetzte.

al-Zamakhsharî – Korankommentator aus dem 12. Jahrhundert

Zamzam – Brunnen mit heiligem Wasser in Mekka.